HUNGER GAMES

MYTHOLOGIE ET UNIVERS SECRETS

LINDA LEWIS

SOMMAIRE

INTRODUCTION

Comme dans les séries telles qu'Harry Potter, les noms ont beaucoup d'importance dans les livres de Suzanne Collins, qui fait habilement référence à des personnages tirés de Shakespeare, de la mythologie et de la culture américaine. Les rubriques présentées ici permettent une compréhension plus profonde des personnages, de même que de leurs homonymes et de leur origine. Il y a des noms romains et des noms de fleurs, opposés dans un monde en équilibre sur le fil de la révolution. Il y a des noms militaires, rappelant les batailles de notre propre passé et leur lien avec celles de Panem, l'histoire ne cesse de se répéter. Le symbolisme est parfois simple en surface, mais plus complexe en profondeur. Le pain est un aliment sacré utilisé pour sauver des vies et même consacrer un mariage dans le district Douze. C'est aussi le sens de Panem, Collins ayant nommé son monde en référence aux Romains décadents, gavés de pain et de jeux. Katniss devient la fille du feu, mais elle est la création de Cinna, habillée comme une poupée dans les premiers livres. Ce n'est qu'avec ses flèches incendiaires de geai moqueur qu'elle embrasse réellement ce rôle.

Les districts Onze et Douze offrent des noms de la nature : le chat Buttercup ; la mère de Gale, Hazelle Hawthorne, et sa sœur Posy ; Rue, Thresh, Chaff et Seeder du district Onze ; et bien sûr, Prim et Katniss. Tout ceci relie les héros à la simplicité et à la générosité de la terre, riche de la beauté innocente de la nature. Certains noms de fleurs, en particulier Rue et Primrose, apparaissent dans Shakespeare chargés de symbolisme.

À l'opposé, le Capitole abonde de noms romains, évoquant leur obsession pour le luxe immodéré : Claudius Templesmith, Cressida, Portia, Messalla, Fulvia, Romulus, Lavinia, Purnia, Titus, Plutarch Heavensbee, Coriolanus Snow. Il y a l'équipe de préparation de Katniss : Flavius, Octavia et Venia, dirigée par Cinna. Et il y a les tributs de carrière qui portent des noms romains pour honorer le Capitole : Cato, Brutus et Enobaria, tandis que des noms comme Glimmer et Marvel montrent à quel point les carrières sont estimés et gâtés. Le Jules César de Shakespeare met en scène neuf personnages qui apparaissent dans la série des Hunger Games (Brutus, Cinna, Portia, (Cal) Purnia, Flavius, Messala, Caton le jeune et César lui-même). Les autres pièces romaines de Shakespeare en fournissent au moins encore sept, couvrant presque l'intégralité des noms de personnages romains. Ainsi Collins met-elle en scène les traîtres de Shakespeare et de l'Histoire qui se sont retournés contre les empereurs romains et leurs alliés, bâtissant un monde qui rappelle la Rome antique et ceux qui l'ont défiée.

Il est également important de se souvenir que l'histoire est racontée du point de vue de Katniss. Les personnages ont des noms prophétiques ou de circonstance, mais ils dépendent aussi parfois de la manière qu'a l'héroïne de les percevoir. Pour Katniss, Gale est le vent puissant de la révolution, prêt à tout balayer sur son passage. Mais Prim est une fleur délicate qui doit être protégée. Le nom des parents de Peeta comme ceux de Katniss n'est jamais révélé bien qu'ils soient des personnages importants. Leur fonction dans l'histoire est simplement de rester derrière tandis que leurs enfants grandissent et deviennent des héros. Enfin, les propres perceptions de Katniss nourrissent la signification plus profonde du nom des personnages dans la série, quand bien même ils reflètent des personnages de notre propre histoire.

Partie 1

THE HUNGER GAMES

TRILOGIE LITTÉRAIRE

CHAPITRE 1
LES TROIS PRINCIPAUX PERSONNAGES

KATNISS EVERDEEN

« Katniss » renvoie bien sûr à la racine de la katniss (le nom indien de la sagittaire), comme elle nous le dit elle-même. Il s'agit d'une plante hautement nourrissante, point important pour Katniss qui se voit elle-même comme celle qui doit assurer la subsistance de la famille. Sa vie entière est vouée à cette mission, d'abord en tant que chasseuse-cueilleuse, puis en tant que riche vainqueur des Jeux.

Katniss décrit sa plante fétiche comme grande, avec des fleurs blanches et « des feuilles en forme de pointe de flèche » (HG, 58). De tous les végétaux comestibles du monde, la sagittaire est probablement celui dont les feuilles s'approchent le plus d'une pointe de flèche – ce qui va parfaitement à notre héroïne. Elle ajoute que les tubercules ne payent pas de mine, mais qu'ils sont aussi bons que les pommes de terre (HG, 58). De même,

Katniss, du district Douze, ne paye pas de mine, mais il apparaît qu'elle est tout aussi bonne que les enfants des districts plus riches.

Les plantes de la forêt font partie de Katniss, à tel point que la racine de la plante lui donne son nom. « Tant que tu arrives à te trouver, tu ne mourras pas de faim », plaisante son père (HG, 58). Or c'est littéralement vrai ; Katniss survit en gardant les pieds sur terre – en se souvenant de qui elle est et de ce qui compte pour elle. En effet, si elle peut se retrouver sous autant de déguisements et s'identifier comme le geai moqueur, elle survivra. Alors que le Capitole entraîne ses tributs dans la brutalité, les encourageant à se retourner les uns contre les autres, Katniss écoute sa compassion naturelle et se lie à Rue et Peeta au cours des Jeux. Ce qui la sauve au bout du compte.

Elizabeth Beard Hardy, auteur de Milton, Spenser and the Chronicles of Narnia : Literary Sources for the C.S Lewis Novels fait une observation intéressante sur la katniss :

> *Elle est connue [aux États-Unis] comme la « pomme de terre du canard », parfait pour quelqu'un dont la sœur a toujours un pan de chemise qui dépasse comme une queue de canard, mais aussi sous celui de wapatoo, sagette, flèche d'eau ou plus communément comme la sagittaire à feuilles en flèche, comme le rappelle son nom latin Sagittaria (ou « appartenant à une flèche ») ; la constellation du Sagittaire, bien sûr, a la forme d'un archer.*

Le nom de Katniss vient du signe du zodiaque de l'archer (pour les enfants nés entre le 22 novembre et le 21 décembre). Le Sagittaire, selon le mythe grec, aurait pu être le centaure Chiron, une créature douce et bienfaisante, connue dans les légendes de la forêt pour éduquer les jeunes héros. D'autres sources érudites lient le Sagittaire à Crotus, le satyre, mi-homme, mi-chèvre, qui demeurait dans les profondeurs de la forêt. C'était un grand musicien et un chasseur, inventeur de l'arc. Les centaures et les satyres sont des créatures de la nature et de la forêt, un lien entre l'homme et l'animal, entre le chasseur et la proie. Dans le cas de ces deux personnages mythologiques, il y a un lien évident avec Katniss.

Suzanne Collins fait remarquer que:

« Katniss Everdeen doit son nom de famille à Bathsheba Everdene, personnage principal de Loin de la foule déchaînée. Toutes deux sont différentes, mais toutes deux se battent pour connaître leur cœur. »

Dans ce roman classique de Thomas Hardy, Bathsheba Everdene est courtisée par un riche propriétaire et par un berger désargenté, qui la demande en mariage alors qu'ils sont égaux mais finit par travailler pour elle. Katniss, elle aussi, grandit en tant qu'égale de Gale, mais devient ensuite aussi riche que Peeta, laissant le jeune chasseur et ses projets romantiques loin derrière. Bathsheba, comme Katniss, balance entre deux hommes différents, l'un bon et chaste (Peeta fait remarquer qu'il n'a jamais été intéressé par une autre fille que Katniss) et l'autre plus violent, plus fantasque, et plus expérimenté en amour. Après avoir été trahie et abandonnée par le plus violent des deux, Bathsheba épouse finalement l'humble berger. Le motif romantique semble en effet refléter la lutte de Katniss entre son égal dans la guerre, Gale et le boulanger plus humble qu'est Peeta. Deux lettres différencient par ailleurs Everdeen d'Evergreen (« arbre à feuilles persistantes » en anglais), qui colle parfaitement aux noms de plantes des districts extérieurs. Les pommes de pin sont consommées à plusieurs reprises au cours de la série, un autre aliment sain dans un monde affamé. Comme la katniss, les sapins sont aiguisés et pointus, dans leur cas avec des aiguilles et des pommes de pin pour se défendre ; comme notre héroïne, ils luttent pour survivre dans des zones où la nourriture est rare – en réalité, le manque de nourriture les pousse à être persistants, car perdre des feuilles signifie perdre des nutriments. Ces arbres apparaissent à Noël pour célébrer la vie, car ils sont pleins de santé et forts même en hiver (et, de manière significative, même face à une neige cruelle, ou face au président Snow, dont le nom signifie « neige » en anglais). Ils symbolisent un nouveau départ et une renaissance du monde à l'aube d'une nouvelle année potentiellement meilleure. Bien que le monde soit sombre, la lumière du jour et le printemps reviendront. C'est le symbole parfait de Katniss Everdeen, par qui renaît Panem.

PEETA MELLARK

Peeta, un nom apparemment innocent tel que Collins l'orthographie, possède de nombreux homophones, ou mots de même sonorité. « Pita » désigne un genre de pain, humble et simple, qui ne pourrait pas être moins « gonflé ». Les pains « plats et trop denses » du district Douze (HG, 13) pourraient même ressembler à des pitas. Si le père de Katniss, un cueilleur, l'a nommée ainsi, tout comme Thresh, Seeder et d'autres enfants sont baptisés en fonction des professions exercées dans leur district, alors le nom de pain de Peeta ferait sens dans une famille de boulanger.

Dans la célèbre statue de Michelange, la Pietà (un autre homophone), Marie berce le corps sans vie de Jésus. Dans les trois livres, c'est le rôle de Katniss que de soigner Peeta en libérant la tendresse maternelle qui est en elle. Dans le tome 1, il se meurt d'une blessure à la jambe (demandant littéralement à être beaucoup bercé). Dans le tome 2, il succombe momentanément à un choc électrique. Dans le tome 3, Katniss doit lui montrer la voie pour vaincre le conditionnement du Capitole et réapprendre à l'aimer. Pietà signifie pitié en italien : dans les trois livres, Katniss se lie à Peeta à travers la pitié, la compassion et l'amour pour assurer leur survie. Bien sûr, Peeta est sacrifié à la fin de L'Embrasement, afin que Katniss et les autres puissent s'enfuir. De nombreux chercheurs, en particulier le « professeur Hogwarts » John Granger, voient ceci comme un moment christique :

Le nom de "Peeta", l'homme de la ville et "garçon des pains", évoque le pain (pita) de même qu'une vocation de boulanger. Enfant, il donne deux tranches de pain à Katniss qu'il a obtenues par sacrifice (il est battu par sa mère pour cela), pain qui empêche l'héroïne de mourir de faim et dont la dégustation lui fait immédiatement penser à son "grand livre familial" et au moyen de sustenter sa mère et sa sœur. Son pain, de fait, la sauve. Dans un monde portant le nom de "pain" (Panem est l'accusatif du mot latin pour "pain"), il me semble clair que Peeta, ou "Pierre", est une icône du Christ, le créateur du monde Qui, dans l'église de Saint-Pierre au moins, est reçu comme le Pain et Qui aime jusqu'au sacrifice le monde et chaque âme en son sein.

Pierre était un humble pêcheur devenu le premier disciple de Jésus, tout comme Peeta est le premier à se battre aux côtés de Katniss et à croire en elle. Pierre est sans doute surtout connu pour avoir renié Jésus lorsque les disciples furent pourchassés par les Romains. Ceci fait écho au propre rejet de Katniss par Peeta après la torture et le lavage de cerveau du Capitole. Pierre a lui aussi souffert entre les mains du gouvernement romain. Selon la légende, il fut exécuté comme bouc-émissaire par l'empereur tyrannique Néron. Les chrétiens étaient des rebelles sous l'Empire romain, mais devinrent finalement ses dirigeants, un scénario rejoué dans Panem.

PETA est l'acronyme de l'organisation Pour une Éthique dans le Traitement des Animaux. Pour le doux et pacifiste Peeta qui ne chasse jamais, c'est aussi une étiquette appropriée. Alors qu'on voit Katniss éviscérer des lapins et abattre des écureuils, Peeta fait cuire du pain et glace des gâteaux, fournissant à ses amis une pitance végétarienne. Mellark pourrait être un motvalise (ou troncation) pour Meadowlark (« alouette des prés » en anglais), un symbole naturel comme tant d'autres dans le district Douze. L'alouette est synonyme de réjouissance et de gaieté car elle chante pour accueillir l'aube. Son nom de famille ressemble aussi à malarkey, un mot anglais désignant un discours trompeur ou une ineptie, tel que « baliverne » ou « ânerie ». Katniss remarque comment Peeta aide toujours les gens à se sentir mieux : « ironique, encourageant, drôle, même, mais pas aux dépens d'autrui » (R, 320). Bien que Peeta plaisante et lui remonte le moral, il n'est pas excessivement naïf – mais c'est ce que Katniss va finir par comprendre. Avant les Jeux, elle le voit facilement comme un poids mort, incapable de se battre ou de chasser. Mais avec le temps, elle en vient à considérer sa valeur et même son rire. « Voilà pourquoi ils sont arrivés aussi loin, Haymitch et Peeta. Rien ne peut les ébranler », pense Katniss alors que les deux hommes rient bruyamment pour distraire les Pacificateurs soupçonneux (E, 164).

GALE HAWTHORNE

Que Gale ne soit pas un nom de plante pourrait surprendre certains. En réalité, il l'est : le piment royal, ou myrte des marais (sweet gale ou myrica gale, en anglais), est un buisson touffu aux feuilles amères. Il présente une grande variété d'usages ruraux tout comme Gale luimême est un excellent trappeur, chasseur et cueilleur ;

les branches peuvent être utilisées pour faire de la bière, les fruits pour de la cire, les feuilles en parfumerie et l'écorce pour brunir la peau. Porté à ébullition, il produit une teinture jaune, ou peut être transformé en répulsif pour insecte naturel. Du fait que les castors en raffolent, ils construisent des barrages près de bosquets de piment royal et créent ce faisant des pièges pour les poissons, un écho aux excellents collets de Gale.

De manière plus évidente, gale désigne en anglais un vent violent qui peut souffler des maisons et des arbres gigantesques. En tant que révolutionnaire, Gale est tout autant une force incontrôlable, exigeant la mort de tout le monde au Capitole et dans le district Deux pour venger ce qu'il a perdu. Les armes qu'il conçoit sont suffisamment cruelles pour inquiéter Katniss et se retournent finalement contre son propre camp autant que contre ses ennemis. À l'image d'une tempête non contenue, il blesse les deux côtés dans la guerre.

Granger adopte une position différente quant au lien entre son nom et le vent :

> *Gale, l'homme des bois, libre et sans entraves en dehors de ses obligations familiales, est l'incarnation de la nature, un esprit tel un "vent de force 9" et l'expression de la beauté naturelle. Sa relation avec Katniss est platonique en dépit des années passées en compagnie l'un de l'autre et de leurs vies respectives privées de contact physique et d'amour. Il renforce plus qu'il ne met en péril la pureté, la liberté, la force ou l'identité personnelle de Katniss.*

D'autres références au nom de Gale apparaissent dans l'histoire militaire. Il n'est pas surprenant qu'il y ait ce genre de noms dans le livre, car Suzanne Collins a beaucoup entendu parler des forces armées dans sa jeunesse, comme elle l'explique dans cette interview :

> *Mon père avait fait carrière dans l'Air Force. Il a été dans l'armée de l'Air pendant environ 30 ans. C'était aussi un vétéran du Vietnam. Il y était alors que j'avais six ans. Mais sorti de là, c'était un docteur en sciences politiques, un spécialiste de l'armée et un historien ; un homme très intelligent. Et il pensait que c'était une part de sa responsabilité que de nous apprendre à nous, ses enfants, l'histoire de la guerre […] Si vous visitiez un champ de bataille avec mon père, vous appreniez ce qui en avait été la cause. Il vous informait sur le déroulement de la guerre. La bataille était rejouée devant vous, je veux dire, verbalement, et ensuite venaient les conséquences de la bataille. Et, ayant été lui-même au front, et étant issu d'une famille où il avait eu un frère dans la deuxième et un père dans la Première Guerre mondiale, il ne s'agissait pas là de questions lointaines ou théoriques.*

Humphrey Gale fut directeur du Quartier général des forces alliées du lieutenant général Dwight Eisenhower au cours de la Deuxième Guerre mondiale. Les systèmes administratifs britannique et américain différaient tellement que deux quartiers généraux distincts furent établis. Le travail de Gale, qu'Eisenhower qualifia d'« unique dans l'histoire de la guerre », était de coordonner les deux. Katniss a l'habitude des luttes de vie ou de mort des Hunger Games mais pas des principes de commandement ou de formation militaire du district Treize. Gale est celui qui s'occupe d'une Katniss éplorée et l'aide à présenter ses demandes à la présidente Coin alors qu'il devient le lien entre les deux mondes.

Le général Sir Richard Nelson « Windy » Gale avait suffisamment appris de son épreuve pendant la Première Guerre mondiale pour défier la pensée militaire de son temps et essayer de révolutionner les procédures pendant la Deuxième Guerre mondiale. Se méfiant des opérations à grande puissance de feu, il insista sur la formation en furtivité et sur l'importance de la mobilité et de la surprise sur le champ de bataille. Gale Hawthorne défie souvent les administrateurs du district Treize, utilisant la douleur qu'il a endurée dans le bombardement du Douze et sa connaissance de la chasse pour trouver de meilleurs moyens de se battre. C'est son plan qui vient à bout du district Deux et il se joint avec enthousiasme à la mission furtive de Katniss pour assassiner Snow.

Quant à son nom de famille, l'aubépine (hawthorn, en anglais) est un buisson épineux de la famille de la rose. Il est appelé Cratageus Oxyacantha, du grec Kratos, qui signifie dureté (du bois), oxcus (pointu) et aknantha (épine). Une « épine dure et pointue » est une bonne description de Gale lui-même, en particulier pour Katniss qui doit gérer sa colère et son obstination dans les derniers livres. Son bois est très dur et résiste au pourrissement, le rendant redoutable et résistant, tout comme Gale. La racine de l'aubépine produit le feu de bois le plus chaud connu. De fait, de par le feu qui l'anime dans la survie et encore plus dans la révolution, Gale brûle plus fort et poignarde plus dur que n'importe qui autour de lui. Il est prêt à tuer leurs espions et leurs alliés, les civils et même à se tuer lui-même pour gagner la guerre, comme il l'annonce dans le district Deux lorsqu'il crie : « *Envoyez les avalanches !* » (R, 220).

Chaque berger dit son conte
Sous l'aubépine dans la vallée
John Milton, l'Allegro

L'aubépine n'était pas seulement un buisson campagnard apprécié des fermiers d'Angleterre et d'Irlande, c'était un des trois arbres sacrés adorés des fées (le chêne et le frêne étant les deux autres). Ces trois arbres se combinent pour créer de la magie, rappelant beaucoup le trio qui devient héros de Panem. En tant qu'arbre féérique, l'aubépine est chargée de superstition : l'endommager appelle la mort, mais ceux qui veillent sur la nature seront récompensés par les fées. Ceux qui détruisent la maison de Gale se retrouvent pris dans sa fureur vengeresse, victimes de combats sauvages et de pièges mortels. Il existe aussi une croyance selon laquelle, si les buissons d'aubépine sont déracinés, toute la bonté quitte alors le pays et les arbustes provoquent des tempêtes d'éclairs. Lorsque Gale et sa famille quittent le district Douze, le secteur est effectivement détruit par une tempête de feu. Enfin, transporter ses épines vous vaudra une pêche miraculeuse ou des vaches donnant plus de lait. Pour Katniss également, emmener Gale lui permet une bien meilleure récolte.

L'aubépine était sacrée pour Hymen, le dieu grec du mariage, qui était souvent représenté un panier débordant de noix et de fleurs à la main. Selon le mythe, il ne s'est jamais marié, mais bénissait toujours le mariage du héros et de l'héroïne, une référence qui fait surface à la fin de la trilogie. L'aubépine a toujours été perçue comme un symbole d'espoir, en remontant jusqu'au culte de la déesse romaine Flore, maîtresse des fleurs et de la vie. Vient ensuite la légende selon laquelle la couronne d'épines de Jésus était constituée de branches d'aubépine.

D'un autre côté, certains villageois pensent que les fleurs d'aubépine portent encore l'odeur de la Grande Peste de Londres, à cause de leur parfum de décomposition. Les buissons sont associés à la mort et aux tombes, du fait que les funestes épines étaient supposées jaillir de la poussière des morts. Dans les rituels teutons, les bûchers funéraires étaient faits d'aubépine, afin que sa fumée puisse guider les âmes dans l'au-delà. Gale, bien sûr, guide ses amis depuis les cendres du district Douze vers une nouvelle vie dans le district Treize. Le mélange d'espoir, de paix pour l'humanité et de mort reflète le rôle de Gale dans l'histoire, son amie Katniss le voyant passer du statut de protecteur de sa famille à celui de leader de la révolution pour finir meurtrier volontaire de civils.

CHAPITRE 2
LES NOMS DE PANEM

ALMA COIN

L'« Alma » le plus évident est la bataille de l'Alma, la première de la guerre de Crimée. Les Britanniques et les Français avaient élaboré un plan pour battre les Russes en détournant leur attention à l'aide d'une attaque si voyante qu'ils manqueraient de remarquer le véritable danger. Au milieu des combats, un cri : « Ne tirez pas ! Ils sont français ! » plonge la bataille dans la confusion alors que les Russes lancent l'assaut. L'attaque de diversion de Katniss elle-même avec son petit commando du geai moqueur déguisé en civils du Capitole comme le bombardement des enfants par la présidente Coin ont un effet similaire. En dépit de ces moments alarmants et de ces possibles tirs amis, la bataille de l'Alma fut une glorieuse victoire pour les Anglais et les Français, à tel point qu'Alma devint alors un nom populaire pour les filles. Ainsi, Katniss et Coin remportent également une glorieuse victoire.

Mais toutes les guerres, même les triomphes, ont un coût douloureux.

Alma signifie aussi « nourrissant » ou « esprit guide » en latin, donnant l'expression « Alma mater », ou mère nourricière, pour désigner l'université d'un étudiant. Alma Coin est en effet l'esprit qui guide et la mère de la révolution, comme Katniss est son héroïne. Mais, comme le découvre Katniss, Alma Coin tient plus de la belle-mère malfaisante, tueuse déterminée d'enfants dans la guerre et les nouveaux Hunger Games qu'elle propose. V. Arrow, auteur de A Complete Etymology of Names in Panem, observe :

> *Alors que le sens le plus évident de Coin est… eh bien, pièces, sous, argent [en anglais]… COIN est aussi une abréviation militaire pour opérations de contre insurrection. Étant donné les connaissances martiales de Collins et le rôle que Coin joue dans le monde de Panem, c'est l'origine la plus probable du nom du personnage.*

La contre insurrection vise à détruire une révolution. Ceci semble un nom étrange pour une dirigeante rebelle, qui serait plus justement nommée voix de l'insurrection. Toutefois, Kaniss en vient secrètement à comprendre que la mission de Coin s'oppose à la rébellion en laquelle l'héroïne croit – car Coin recherche avidement la présidence et condamne d'autres enfants à mort dans les Hunger Games, devenant le nouveau visage du Capitole.

ANNIE CRESTA

De nombreux personnages ont des noms américains classiques, comme Annie, Johanna, Bonnie, Martin. Parmi eux, Annie signifie « bénédiction » et « faveur ». Le statut « privilégié » d'Annie vient en fait de ses proches comme Mags et Finnick, qui sont prêts à se sacrifier pour la protéger. La naissance de son enfant est une autre bénédiction, un unique moment de joie dans la tristesse de Katniss à la fin de la série. Annie, un diminutif comme Delly ou Prim, est la version enfantine du nom, donnant au personnage une apparence plus jeune. Katniss perçoit Annie comme elle perçoit Prim, une petite sœur qui a besoin d'être protégée. Dans L'Embrasement, Mags se porte volontaire pour les Jeux de l'Expiation afin de sauver Annie, créant ainsi un nouveau parallèle entre elle et Prim. Du fait que le district d'Annie se trouve sur la côte, son nom de famille pourrait faire référence à la crête des vagues.

ATALA

Entraîneuse en chef des tributs et probablement loyale envers le Capitole. Son nom pourrait être une abréviation d'Atalante, la guerrière mythique. Le nom d'Atalante vient du grec atalantos, signifiant « de poids égal » (« Atalanta »). En d'autres termes, elle pourrait faire tout ce qu'un homme peut faire, du tir à l'arc à la course à pied. Tout comme le nom de la commandante Paylor, cette référence reprend le thème de l'égalité dans la bataille : Katniss est la plus forte d'un grand nombre de femmes dans la série, d'Alma Coin à Glimmer. De manière intéressante, Atala est le titre d'un roman de Chateaubriand datant de 1801 et décrivant des natifs américains attachants et primitifs, un peu comme la vision raciste et dégradante des districts par le Capitole. L'Atala de Panem partage probablement cette vision.

AURELIUS, DOCTEUR

Marcus Aurelius (Marc-Aurèle) fut empereur romain un siècle après Jules César. Son livre Méditations fut un des plus importants textes stoïciens, expliquant comment rester calme même au milieu d'un conflit tout en se consacrant à ses devoirs et au service des autres. Tout ceci se retrouve dans le médecin du district Treize qui aide Peeta et les autres victimes du lavage de cerveau à vaincre leur conditionnement. Son nom romain suggère qu'il a un jour vécu au Capitole.

BEETEE

Selon Arrow, Beetee « vient de BTU, une unité de mesure traditionnellement associée à l'énergie ». Lui et Wiress forment une équipe solide portant le surnom évocateur de « Tic et Volts ». Les volts sont une unité de mesure de l'électricité, la spécialité de Beetee, et Katniss observe ébahie Beetee se cramponner à sa bobine de fil tout au long des Jeux. Mais dans le plan d'évasion des tributs, Wiress et Beetee sont en effet les rouages (« Nuts and Volts », leur surnom dans la version originale anglaise, évoque nuts and bolts, les « rouages ») de l'opération, les pièces indispensables qui font tenir l'ensemble.

BLIGHT

Ce tribut mâle du district Sept meurt rapidement dans les jeux d'Expiation, lorsqu'il est aveuglé par une pluie de sang avant d'être tué par un champ de force. Son nom, désignant en anglais la sécheresse ou la défiguration, semble de bien mauvais augure, et ainsi est-il tué par un fléau dans l'arène.

BOGGS

Le nom Boggs a une résonnance militaire, et pour cause. Le contre-amiral Charles Stuart Boggs a combattu dans l'US Navy pendant la guerre de Sécession, que rappelle la guerre de Panem entre le Capitole et les districts. L'USS Boggs, un destroyer de la Navy, fut baptisé en son honneur. De manière remarquable, l'amiral comme le navire survécurent aux guerres et connurent une retraite honorable, contrairement au protecteur de Katniss. Un épisode de la guerre de Sécession est devenu particulièrement célèbre. Charles Boggs commandait le vapeur Varuna près de la Nouvelle-Orléans.

> *Le matin de la percée, il remonta le courant, second du vaisseau amiral de sa division. Le carburant ordinaire, il le savait, ne donnerait pas assez de vapeur, et il avait déjà fait*

préparer le porc, qui constituait une partie des réserves de son navire, pour qu'il soit jeté dans la chaudière. Au moment propice, il fut placé sur les braises sifflantes; le feu s'embrasa et le vaisseau s'élança à toute vapeur. À hauteur des forts, il fit tirer ses canons à tribord, chargés avec des obus de cinq secondes. "Maintenant, s'exclama Boggs, tirez le plus vite possible avec les boîtes à mitraille!" et le frêle esquif bondit en avant, enveloppé de flammes, se trouvant bientôt devant les forts. Regardant à l'entour dans l'aube naissante, il constata qu'il était dans un nid de canonnières rebelles, en rangs de chaque côté du fleuve. Il donna instamment l'ordre de "travailler les deux flancs et charger la mitraille". Sereins, et apparemment sans précipitation, les hommes braquèrent leurs canons avec tant de précision qu'à peine un tir manqua toucher sa cible, tandis que les canons à pivot de poupe et de proue maintenaient eux aussi leur tir régulier [...] Le Stonewall Jackson, un cuirassé, arriva droit sur lui, percutant le vapeur dans un choc assourdissant et l'éperonnant au flanc, si bien que l'eau se déversa en torrents dans le navire. Il était également en feu; il n'y avait désormais plus d'autre alternative que de se précipiter vers le rivage, et sa proue fut tournée vers la berge [...] S'enfonçant rapidement dans l'eau, il fila vers le rivage, ses canons grondant toujours au-dessus du ventre du Mississipi, jusqu'à ce que l'eau dépasse les sabords – le dernier tir fendant juste la surface. Le capitaine Bailey constata fièrement que la chose blessée combattait et dit: "J'ai vu Boggs se défendre avec panache, son canon au niveau de l'eau, tandis que son vaisseau plongeait progressivement en dessous, venant reposer sa proue sur le rivage, et au-dessus des eaux." (Headley, 190-191).

Boggs sacrifia tout ce qu'il possédait, mettant en péril son navire et son équipage pour neutraliser l'ennemi. Le bateau coula, les canons toujours grondants, et le drapeau flottant fièrement, mais il évacua calmement l'équipage avec une précision militaire, alors que les flammes dévoraient le pont. Boggs fut accueilli en héros à son retour. Son idée brillante de jeter le porc dans la chaudière pour alimenter le navire, sa détermination alors que son bateau continuait de tirer, et par-dessus tout son courage maîtrisé tandis que le vaisseau était en feu et qu'il continuait de se battre le relient au leader de l'unité d'élite de Katniss. Tous deux veillèrent sur leurs hommes et leur sauvèrent la vie afin qu'ils puissent continuer à se battre.

BONNIE

Une fugitive du district Huit que Katniss rencontre dans la forêt. Nom anglo-saxon typique signifiant « jolie ».

BRISTEL

Une mineuse du district Douze. La ville de Bristol, au Royaume-Uni, fut construite en extrayant la roche calcaire locale.

BRUTUS

Katniss décrit l'« enthousiasme » et la « férocité » des tributs du district Deux (R, 83). Brutus, l'un d'entre eux pour les Jeux de l'Expiation, ne fait pas exception. Il propose une alliance pendant l'entraînement, mais Katniss le rembarre, sentant peut-être qu'il ne faut pas se fier à un homme appelé Brutus. De fait, le mot « brutal » vient de son nom. Le Brutus historique poignarda son meilleur ami et possible père illégitime Jules César. Brutus, la tout aussi cruelle Enobaria et leurs alliés carrières ont sauvagement assassiné la mère de famille Cecelia, un drogué du Six gravement malade, les vieux Woof et Seeder et d'autres tributs anonymes mal équipés. Dans un des derniers discours historiques de Brutus, alors qu'il fuyait devant les alliés de César, il se serait écrié : « Ô Zeus, n'oublie pas l'auteur de ces maux ! » (Plutarque, Vies Parallèles, 51.1). Le tribut Brutus est le dernier à mourir dans les Jeux finaux, et cette citation devient particulièrement significative car elle rappelle l'avertissement de Haymitch à l'intention de Katniss : Brutus et Enobaria ne sont pas ses véritables ennemis ; ses ennemis sont tous ceux qui décident de tuer des enfants innocents pour divertir le peuple.

BUTTERCUP

L'hideux chat de Prim survit aux trois livres et au-delà – ce qui est important si l'on perçoit Buttercup comme la part dure et colérique de Katniss elle-même. En tant qu'héroïne du district Douze, Katniss est d'une certaine manière semblable au chat – dépenaillée, hostile, marquée. Tous deux sont des chasseurs solitaires de la nature sauvage plutôt que des animaux de compagnie pantouflards. Le critique Steve Barkmeier commente :

Katniss décrit Buttercup comme "le chat le plus laid du monde. Il a le nez aplati, il lui manque la moitié d'une oreille et ses yeux sont couleur de vieille courge." À la fin de La Révolte, Katniss est elle aussi bien abîmée. Buttercup se méfie de Katniss et Katniss hait Buttercup. Je crois que c'est une représentation de la relation difficile que l'héroïne entretient avec elle-même. Elle ne se trouve pas belle. Elle se méfie de tous les sentiments qu'elle éprouve envers qui que ce soit d'autre que Prim. Elle met même en doute ses motivations pour veiller sur Peeta et s'accuse de ne faire que semblant de se préoccuper de sa survie.

Lorsque Katniss et Buttercup font la paix, ceci indique que Katniss fait la paix avec elle-même. Dans les moments difficiles, elle s'inquiète de ce qu'elle est devenue et le réprouve. À la fin de la série, Buttercup revient avec le printemps tandis que Katniss fait ses premiers pas pour reprendre possession de sa vie, s'aventurant hors de la maison et recommençant à chasser. Bien qu'elle crie sur Buttercup, s'en prenant à lui et se reprochant à elle-même les tragédies qui l'entourent, Katniss et Buttercup finissent par pleurer ensemble et se réconcilier, Buttercup protégeant Katniss la nuit et Katniss lui donnant le bacon de son petit-déjeuner, acceptant enfin la part sauvage d'elle-même qui est revenue la défendre et l'aimer à son tour.

Tous les noms de fleurs de la série renvoient aux districts ruraux et à la proximité de la nature. Plus spécifiquement, le « bouton d'or » (Buttercup, en anglais) représente l'ingratitude et la puérilité, ce qui correspond bien à la personnalité de Buttercup. Les chats sont connus pour leur indépendance et leur réserve, pour être des chasseurs solitaires qui ne montrent pas facilement leur affection tout en étant loyaux et protecteurs. À l'évidence, Katniss comme Buttercup sont dévoués à Prim plus qu'à toute autre chose.

De par le monde, les chats et les lions sont perçus comme féminins, alors que dans la Bible, le lion symbolise le courage, la force et la puissance, des traits que Katniss retrouve dans la part sauvage d'elle-même. Katniss se voit comme Catnip (le surnom que lui donne Gale et qui signifie « herbe à chat » en anglais), celle qui rend fous les chats, autant qu'elle méprise Buttercup, son propre côté sauvage. Katniss est celle qui invente le jeu du Chat Fou avec la lampe de poche qui fait disjoncter Buttercup. Dans les légendes florales, mâcher de l'herbe à chat était supposé donner du courage, ce qui correspond bien à notre héroïne.

Dans le bunker du district Treize, Katniss regarde Buttercup battre l'air pour attraper une lumière dansante et comprend qu'elle est en fait devenue le chat, poursuivant l'image fuyante de Peeta. Sachant cela, elle décide de prendre les choses en main plutôt que de laisser Snow la tourmenter. De nombreuses manières, Katniss est tout aussi impuissante que Buttercup, tous deux expulsés de leur maison au village et forcés de suivre les règles des autres. Mais au bout du compte, Katniss et Buttercup se révèlent tous deux être des survivants, capables de vivre avec les sautes d'humeur et la méfiance de l'autre.

CAESAR FLICKERMAN

Historiquement, Jules César a régné sur Rome et tenté de devenir empereur en renversant la République. Il conquit la plupart du monde connu et consolida le pouvoir de Rome sur les autres pays, à l'image du Capitole et des districts. Pour Katniss, Caesar Flickerman symbolise le pouvoir en place, car il présente les Jeux dans son costume scintillant depuis aussi loin qu'elle se souvienne. Caesar est l'empereur des ondes, le garant de la tyrannie du Capitole (comme le César historique) et l'intervieweur des participants.

Son nom pourrait également faire référence à l'acteur Sid Caesar, connu pour l'émission Caesar's Hour, qui recevait la visite de nombreuses célébrités. Un « Flickerman » est un documentaire dramatique sur la vie de quelqu'un, ce qui rappelle le travail de Caesar Flickerman avec les participants.

CASHMERE

Tribut de carrière du district Un pour les Jeux de l'Expiation. Sœur de Gloss. Son nom fait référence à un tissu de luxe.

CASTOR ET POLLUX

Ce sont les cameramen de l'équipe de propagande de Katniss. Alors qu'elle les appelle d'abord « les insectes » à cause de leur équipement télé, elle en vient vite à sympathiser avec eux. Dans la mythologie, il s'agissait des frères jumeaux d'Hélène de Troie. Castor était né mortel et Pollux immortel. Mais Pollux aimait tellement son frère qu'à la mort de celui-ci, il demanda à son père Jupiter, le dieu des dieux, de répartir l'immortalité entre eux. Les jumeaux devinrent la constellation des Gémeaux, mais brillaient alternativement plus ou moins fort d'une nuit sur l'autre. Les frères étaient connus pour être unis en toute chose, amis et partenaires dans les batailles comme dans la vie. Le texte romain du IIe siècle Astronomica décrit la constellation des Gémeaux ainsi :

> *Ces étoiles que bon nombre d'astronomes ont appelées Castor et Pollux. Ils disent que de tous les frères, c'étaient les plus affectueux, ne se disputant pas les rênes du pouvoir, pas plus qu'ils n'agissaient sans se consulter au préalable. En récompense de leurs services amicaux, Jupiter est supposé les avoir placés dans le ciel sous la forme d'étoiles bien connues [...] Homère établit que Pollux accorda à son frère la moitié de sa vie, afin qu'ils brillent d'un jour sur l'autre. Hyginus, Astronomica, 2.22 Pollux est celui qui survit, comme dans la mythologie, bien qu'il soit anéanti par la mort de son jumeau. En tant que Muet, Pollux représente toutes les personnes sans voix victimes de toutes ces guerres, mais reste incapable de voter ou de protester.*

CATO

Caton le jeune, comme son arrière-grand-père Caton l'ancien, œuvra à la glorification de Rome et assura plusieurs mandats politiques, bien qu'il fût issu d'une famille de fermiers plébéiens (ordinaires – par opposition aux nobles – ou des districts, pourrait-on dire). Sa famille avait une longue histoire de service militaire, faisant de Caton une sorte de tribut de carrière, espérant gravir les échelons grâce à d'incroyables victoires sur le champ de bataille.

Caton le jeune a combattu contre Jules César et c'est là qu'on peut lui attribuer un lien direct avec le tribut de carrière brutal en quête de gloire des 74e Hunger Games : lorsqu'il perdit la guerre, en grande disgrâce, Caton décida de se suicider. Cette scène grotesque de mort interminable rappelle le tribut Cato hurlant dans la nuit et laissant finalement Katniss le tuer dans ses premiers Hunger Games :

> *Caton sortit son épée de son fourreau et se poignarda sous la poitrine. Mais son coup était en quelque sorte faible, à cause de l'inflammation de sa main, de sorte qu'il ne se tua pas sur le coup, et chuta du canapé dans sa lutte agonisante, faisant retentir un grand fracas en renversant un abaque géométrique qui se tenait à côté. Ses domestiques entendirent le bruit et crièrent, et son fils se précipita immédiatement, en compagnie de ses amis. Ils le trouvèrent couvert de sang et la plupart de ses intestins au dehors, mais les yeux encore ouverts et toujours en vie ; et ils furent terriblement choqués. Le médecin s'approcha et tenta de replacer les intestins, qui n'avaient pas subi de dommage, et de recoudre la plaie. C'est alors que Caton, recouvrant ses esprits et prenant conscience de ce qu'il tentait de faire, repoussa le médecin, déchira ses intestins de ses mains, ouvrit la plaie encore plus et mourut (Plutarque, Vies parallèles, Caton le jeune, 70.5-6).*

CECELIA

Tribut du district Huit pour les Jeux de l'Expiation et mère de trois enfants, elle partage le nom d'une sainte martyre.

CHAFF

Tribut du district Onze pour les Jeux de l'Expiation, son nom (« ivraie » en anglais) fait référence à la partie dure et non comestible des céréales et, étant à la fois un trouble-fête et un compagnon de boisson de Haymitch, le nom lui va particulièrement bien.

CINNA

Lucius Cornelius Cinna fut élu consul romain en 87 av. J.-C. Il avait prêté serment de loyauté envers le consul précédent, Sulla, mais décida malgré tout d'aider le peuple de Rome. Il œuvra à donner plus de pouvoirs aux « nouveaux citoyens » à qui on avait accordé une citoyenneté romaine mais aucun droit réel. La détermination de Cinna à aider les sans-droits conduisit à de gigantesques combats de rue et il fut condamné à l'exil. En réponse, il leva une armée auprès de ses partisans à la campagne qu'il conduisit contre Rome. Il remporta la victoire et fut rétabli dans ses fonctions pour un temps, mais la guerre civile menaça de nouveau. Cinna fut assassiné lors d'une mutinerie de ses propres soldats en 84 av. J.-C. Sa fille Cornelia fut la première épouse de Jules César.

La seule vraie cause de Lucius Cinna était l'égalité entre tous les citoyens de l'Empire romain : ceux de la cité et ceux des secteurs périphériques. En cela, il partage des points communs avec le Cinna de Panem. Lui aussi travaille pour le gouvernement mais entretient une loyauté cachée envers le peuple, ce qui lui vaut finalement d'être tué pendant la révolution.

L'absence de nom de famille (pour autant qu'on le sache) le rend amical et approchable dans le monde du Capitole. Il s'efforce de ne pas intimider Katniss, à tel point qu'elle a le sentiment de pouvoir lui parler comme à un ami. Et c'est lui qui la fait briller.

Dans la pièce Jules César, un poète nommé Cinna est assassiné par une foule en colère de Romains loyalistes parce qu'ils l'ont confondu avec Lucius Cornelius Cinna, un des assassins de César :

Cinna : Je ne suis pas Cinna le conspirateur.

Deuxième citoyen : N'importe, il a nom Cinna, arrachons-lui seulement son nom du cœur, et chassons-le ensuite. (III, 3)

Cette cruauté inhumaine, tuer quelqu'un uniquement parce qu'il partage le nom d'un traître est affichée par Snow également, qui torture et exécute l'équipe de préparation de Peeta et les Muets qui l'ont un jour servi, parce que le lien les a entachés. Lorsque les derniers tributs survivants suggèrent de jeter la petite-fille de Snow dans le jeu, ils montrent que ce besoin de vengeance insensible, même envers la mauvaise personne, est une part constante de la nature humaine.

CLAUDIUS TEMPLESMITH

Un des soldats de Brutus dans Jules César se nomme Claudius, mais c'est probablement une coïncidence, car il y a bien d'autres Claudius célèbres présentant un lien avec le personnage. Le Claudius historique était un empereur romain, bien connu pour avoir conquis de nouveaux territoires à la gloire de Rome et pour avoir construit des aqueducs et des routes. Il faisait preuve d'un intérêt particulier pour la loi et présidait aux procès. Le nom de famille de Claudius Templesmith (qu'on pourrait interpréter comme « Forgeron du temple ») suggère qu'il est le bâtisseur du Grand Cirque, des Jeux et un défenseur du pouvoir en place, comme Caesar Flickerman. Les Jeux sont un lieu de jugement, bien que pas exactement comme un temple, le point de mire du Capitole et de sa manière de vivre. Dès le début, les jeux étaient liés à des célébrations religieuses et au sacré, en particulier chez les Romains. Les jeux sont une lutte pour la victoire, pour découvrir les règles et survivre. Katniss découvre tout cela et bien plus lorsqu'elle entre dans l'arène et se prépare à être sacrifiée.

CLOVE

À première vue, son nom (« clou de girofle » en anglais) semble faire référence à l'épice. Toutefois, pour un district minier, le sens le plus logique est le passé du verbe anglais to cleave, qui signifie « fendre ». Il s'agit là de sa forme de brutalité préférée lors des combats des

74e Hunger Games. Ironiquement, Thresh la tue de cette manière précise en lui enfonçant le crâne.

CORIOLANUS SNOW

Le légendaire dirigeant romain Coriolan est surtout connu à cause de la pièce de Shakespeare du même nom. Cette dernière s'ouvre sur une émeute causée par le refus de Gaius Marcius Coriolanus de donner du blé aux citoyens affamés. Il pense que les ouvriers agricoles des classes inférieures ne le méritent pas parce qu'ils ne sont pas dans l'armée:

> *PREMIER CITOYEN: Êtes-vous tous bien résolus à mourir, plutôt que de souffrir la faim?*
> *TOUS: Nous y sommes résolus, nous y sommes résolus.*
> *PREMIER CITOYEN: Eh bien! Vous savez que Caïus Marcius est le grand ennemi du peuple?*
> *TOUS: Nous le savons, nous le savons.*
> *PREMIER CITOYEN: Tuons-le, et nous aurons le blé au prix que nous voulons. Est-ce une chose arrêtée? (I,1)*

Il pourrait s'agir des citoyens de Panem réclamant nourriture et justice.

Après une grande bataille victorieuse, Coriolan devient consul régnant. Mais lors de sa nomination, le tribun Brutus révèle comment Coriolan a insulté le peuple. Il ajoute:

> *Vous parlez des masses comme si vous étiez un dieu fait pour punir, et non pas un mortel soumis aux mêmes faiblesses qu'elles. (III, 3)*

Encore une fois, voici Snow, le monstrueux tyran. Coriolan donne libre cours à sa rage et prononce un discours puissant sur la manière dont les patriciens (les aristocrates) devraient régner sur les classes inférieures dans tous les domaines. Le simple fait de laisser entrer les fermiers au sénat revient à permettre aux « corbeaux [de venir] insulter les aigles à coups de bec. » (III, 1). De dégoût, Coriolan déclare la guerre à sa Rome natale, prêt à tuer son propre peuple par vengeance.

Shakespeare fait de Coriolan un être on ne peut plus méprisable, si égoïste et vil qu'il tuerait ses propres citoyens plutôt que de les laisser voter. En même temps, Shakespeare ne nous incite pas à comprendre le personnage, qui n'a qu'un maigre soliloque dans toute la pièce. Il n'est pas plus le héros que ne l'est Snow – c'est un individu profondément répugnant qui n'existe que pour terroriser le peuple. Finalement, comme dans le cas du président Snow, les citoyens l'exécutent pour sa trahison.

Plutarque, la principale source de Shakespeare, a aussi écrit sur ce célèbre défaut du général :

> *Coriolan [...] a tout d'abord attaqué l'ensemble de ses concitoyens, bien que seule une portion d'entre eux lui ait causé du tort, alors que les autres, les meilleurs et les plus nobles, ont en réalité souffert, et compati, avec lui. Puis, de par l'obstination avec laquelle il a résisté à de nombreuses conciliations et supplications, et qui n'avait pour but que de soulager sa seule colère, il montra que ce n'était que pour détruire et renverser, et non pour retrouver et reconquérir*

son pays, qu'il avait attisé d'amères et implacables hostilités à son égard. (*« Comparaison »*)

Voici le président Snow, décidé à affamer les classes inférieures et à exécuter leurs enfants à cause d'une révolution dans un lointain passé. Plus encore, il brutalise les districts, éliminant des gens dans le Onze, envoyant ses cruels sbires dans le Douze. En attaquant son propre peuple, loyal ou non, il attise la révolte de tout son pays. Sa dévotion à la vengeance, à la cruauté, à la privation, conduit à son exécution.

Arrow observe que « "SNOW" était le nom de code utilisé par une taupe galloise pendant la Deuxième Guerre mondiale, dont la spécialité était de mettre ses ennemis sur écoute », comme le fait Snow et que « familièrement, le verbe snow désigne [en anglais] le fait de tromper, doubler ou escroquer quelqu'un intentionnellement ». La neige elle-même est évidemment glaciale et capable de tuer, de la même manière que la katniss peut nourrir. La neige est l'ennemie des plantes comestibles, des récoltes et de ce qui pousse, bien qu'elle handicape beaucoup moins ceux qui vivent dans les villes.

CRAY

Ancien pacificateur en chef du district Douze et tyran corrompu. Son nom fait probablement référence aux petits animaux que l'on nomme crayfish en anglais (des écrevisses), suggérant qu'il pourrait venir des districts plus ruraux.

CRESSIDA

Cette héroïne de la guerre de Troie qui apparaît dans le Troilus et Cressida de Shakespeare est surtout connue pour trahir les siens après être tombée amoureuse de leurs ennemis. Elle passe la pièce à user d'un badinage rusé et d'un discours éclairé pour charmer les gens. Il semble justifié que dans Panem, Cressida trahisse le Capitole pour rejoindre les rebelles et réalise les spots de propagande de Katniss.

DALTON

Fermier qui fuit le district Dix pour le Treize et informe Katniss.

DARIUS

Darius n'est en réalité pas un nom romain, mais perse. Le roi Darius le Grand (qui vécut 500 ans avant Jules César et ses amis) régna sur environ cinquante millions de personnes dans le plus grand empire que le monde eût jamais connu. Bien que le roi Darius n'ait jamais combattu contre les Romains, ils l'auraient considéré comme un ennemi parce qu'il se battait contre leurs ancêtres, les Grecs. Darius et ses batailles contre Alexandre le Grand sont présentés en détail dans Les vies parallèles de Plutarque. C'était un bâtisseur de routes et un législateur, créateur d'un nouveau système d'impôts. C'est là que se trouve le lien avec

Darius le pacificateur, garant juste et impartial des lois du district Douze.

Le roi Darius pensait que la monarchie était « le régime du meilleur homme de tout l'État », tel qu'il le présente dans sa bibliographie, et avait foi en le pouvoir de gouvernance d'un seul homme. L'ami de Katniss soutient techniquement la monarchie de Panem en tant qu'employé du Capitole. Ce dernier se retourne toutefois contre lui pour son impartialité.

DELLY CARTWRIGHT

Son surnom lui confère une apparence inoffensive et enfantine, comme Annie. Il s'agit aussi d'un nom naturel très rustique, dell désignant en anglais une petite vallée boisée. Delly pourrait également être le diminutif de plusieurs noms, le plus évident restant Dalila. Dans la Bible, Dalila est la séductrice qui trahit et assassine son amant Samson en le poussant à révéler le secret de son immense force. Dans le district Treize, c'est bien le rôle de Delly que de persuader Peeta de réprimer ses rages psychotiques, même si elle est nettement mieux intentionnée que Dalila. Néanmoins, elle est introduite pour charmer Peeta et le convaincre de baisser sa garde, trahissant un lien possible entre les deux noms. Son nom de famille désigne en anglais un constructeur de charrette, une occupation évoquant les districts et leur manque de technologie.

DROGUÉS

Les tributs drogués et sans nom du district Six dans les Jeux de l'Expiation, du fait qu'ils ont été transformés en vulgaire coquille de leur ancien moi héroïque, évoquent des victimes pitoyables et sans défense de la guerre, tout comme les Muets.

EDDY

Enfant blessé que Katniss rencontre dans le district Huit.

EFFIE TRINKET

« Effie » est un diminutif du nom romain Euphémie, qui signifie « s'exprimant bien », populaire au XIXe siècle. Sainte-Euphémie subit le martyre pour avoir défié Rome et pour sa dévotion secrète à la foi chrétienne, alors qu'Effie Trinket ne survit à la série qu'en étant prise pour une rebelle. Euphémie fut même jetée dans l'arène parce qu'elle refusait de participer aux sacrifices, alors qu'Effie Trinket ne partage pas ce problème précis, sacrifiant les tributs du district Douze chaque année.

Après sa béatification, l'Euphémie romaine resta connue pour un miracle en particulier : le concile de Chalcédoine de 451 était dans l'impasse sur la question de ce que devrait être le droit canonique dans la foi chrétienne. Finalement, le patriarche suggéra que chaque camp écrive ses opinions et les dépose dans le tombeau scellé de leur sainte patronne Euphémie. Lorsqu'ils l'ouvrirent trois ans plus tard, le parchemin d'un des camps était coincé dans la main droite serrée d'Euphémie. Un tel miracle dans la détermination des destins se retrouve dans Effie Trinket, qui effectue le tirage au sort des Hunger Games chaque année.

Et Effie est bien une « babiole » (trinket, en anglais), une petite personne sans importance et frivole. Son obsession pour les choses insignifiantes telles que les programmes et les bonnes manières en fait un personnage risible. Toutefois, la plupart des citoyens du Capitole n'utilisent pas de diminutifs comme c'est le cas pour « Effie ». Et à la fin du livre elle survit en prenant ses distances avec le Capitole. Peut-être son nom à consonance non romaine l'a-t-il sauvée !

ENOBARIA

Enobaria est extérieure aux Jeux, testant Katniss, observant tout le monde et faisant des commentaires acerbes. Elle ne semble jamais protéger les membres de sa famille ou ses amis. Arrow identifie ce nom comme la forme féminine d'Énobarbus, un personnage d'Antoine et Cléopâtre de Shakespeare. Après le meurtre de César, Marc-Antoine s'allia à Octavien, neveu et héritier de César. Toutefois, lorsqu'ils partagèrent l'Empire romain, Antoine tomba amoureux de Cléopâtre d'Égypte et le couple se rebella sans succès contre Octavien. Énobarbus, le meilleur ami et lieutenant d'Antoine dans la pièce, est extérieur, puisqu'il n'est pas soumis aux émotions envahissantes du personnage principal. Selon James et Kathryn Bellman, « il peut raisonner dans des situations où le bon sens d'Antoine lui fait défaut [...] Il n'est pas aveuglé, comme l'est Antoine, par un amour dévorant pour Cléopâtre ». C'est un observateur qui voit ce que les politiciens font sans y participer. « C'est un genre de cynique, que ni le pouvoir, ni l'amour n'impressionnent ». Nous retrouvons Enobaria, qui vote pour poursuivre les Hunger Games « d'un ton presque indifférent » (R, 394). Dénuée de toute compassion pour les tributs, contrairement à Annie ou Peeta, ou de loyauté envers le Capitole qu'elle a un jour défendu, elle se contente d'observer que « ce serait un juste retour de bâton » (R, 394).

La figure historique dont s'inspire le personnage de Shakespeare, Gnaeus Domitius Ahenobarbus, s'opposa à la prise de pouvoir de Jules César et l'affronta aux côtés de Pompée le Grand. César le gracia, et Ahenobarbus le remercia de sa magnanimité en s'alliant à Brutus pour assassiner son ami. Ahenobarbus et Brutus combattirent ensemble les forces conjointes d'Antoine et d'Octavien lors de la bataille de Philippi (que Brutus se trouve être le compagnon tribut d'Enobaria dans les Jeux de l'Expiation n'est pas un hasard). Après la défaite de Brutus et de ses alliés, Ahenobarbus se réconcilia avec Antoine et le servit en tant que gouverneur… mais l'abandonna ensuite pour s'allier à son ennemi Octavien. Antoine fut tué et Ahenobarbus mourut peu de temps après.

Ahenobarbus apparaît comme un traître et un opportuniste, changeant de camp chaque fois que son maître commence à perdre. À son image, Enobaria donne à contrecœur la main aux autres tributs avant l'Expiation mais les attaque avec une sauvagerie presque démente dans l'arène. Dans un Jeu où il a été conseillé à Katniss de se souvenir que le Capitole est le véritable ennemi, Enobaria est son outil volontaire, poignardant Beetee afin qu'il ne puisse les faire s'évader du Jeu et ne se concentrant que sur sa propre gloire. Dans le troisième livre, Boggs spécule que le Capitole l'a libérée, du fait que le district Deux est un allié, mais Enobaria trahit le Capitole avant la fin. Elle termine le livre vêtue de l'uniforme rebelle du district Treize, ayant choisi le camp de la victoire.

MONSIEUR ET MADAME EVERDEEN

Bien qu'il s'agisse de personnages majeurs, ils ne sont pas nommés dans la série, ce qui leur confère plus une présence fantomatique qu'un statut de parents actifs et protecteurs. Ceci renforce la nécessité pour Katniss de se débrouiller seule.

FINNICK ODAIR

Tout d'abord, le verbe to finick signifie en anglais « feindre une délicatesse ou un raffinement extrême » ou « traiter à la légère, flâner ». Finnick flirte effectivement avec les deux sens du terme, puisqu'il prétend être superficiel et obsédé par la mode et le badinage. Son apparence sophistiquée lui a fait gagner ses premiers Jeux puisque des sponsors charmés par sa beauté lui ont acheté un coûteux trident. Finicky désigne en anglais une personne « excessivement méticuleuse ou minutieuse, difficile à contenter, pointilleuse ». Nous avons là notre héros qui travaille sa coiffure et s'évertue à dire qu'il collectionne les secrets pour le plaisir. Mais ce n'est qu'un rôle dissimulant son profond mécontentement et son désir de se venger du Capitole.

La syllabe « Fynn » évoque le héros épique légendaire irlandais, Finn McCool/Fionn Mac Cumhaill. Son nom, qui signifie « clair » ou « brillant », rappelle assurément Finnick, tout autant que ses dons de chasseur et de guerrier. Finn a obtenu ses pouvoirs magiques en attrapant et en goûtant le Saumon de la Connaissance, ce qu'on peut relier à la pêche de Finnick. Sa femme, Sadhbh, a été transformée en renne, que Finn sauve et épouse. Mais ils ne vivent qu'un court moment ensemble avant que Sadhbh, enceinte, soit de nouveau ensorcelée et lui échappe. Ceci renvoie au court mariage de Finnick avec sa bien-aimée Annie.

Son nom de famille, Odair, est une variation d'Adair ou Edgar tels qu'ils sont ressortis de la tradition écossaise. Le nom signifie « lance prospère », une référence évidente au trident de Finnick.

FLAVIUS

Flavius fait partie de l'équipe de préparation de Katniss et est connu pour ses anglaises orange. Le nom Flavius (signifiant « blond ») était populaire chez les Romains, dont un en particulier se distingue.

Dans les Vies parallèles de Plutarque, César refuse la couronne d'empereur, espérant que le peuple de Rome l'encouragera à la prendre (mais il s'avère que les citoyens ne sont pas très enthousiastes à l'idée que César se proclame chef suprême au détriment de leur République). César s'arrange alors pour que des statues de lui soient placées aux quatre coins de la cité, chacune coiffée d'une couronne dans le but d'influencer les habitants, mais Flavius les abat toutes en signe de protestation. Un César furieux le prive de son statut de tribun (Vies parallèles, Jules César, 41). Jules César de Shakespeare s'ouvre sur cette scène, qui trahit la soif de pouvoir de César tandis que Flavius est le premier à mener le peuple dans une rébellion contre la tyrannie. Le Flavius de Katniss devient un rebelle contre sa volonté, mais son nom est une lointaine évocation de l'opposant de César.

FULVIA CARDEW

La Fulvia historique a vécu à la même époque que Jules César et d'autres Romains célèbres. Après son mariage, son deuxième mari changea rapidement d'allégeance, quittant le parti majoritaire pour un autre plus tourné vers les gens ordinaires. Sa transformation évoque quelque peu celle de Plutarch Heavensbee, le patron de Fulvia dans La Révolte. Fulvia se comporte comme une épouse ou un disciple de Plutarch quand elle lui masse les épaules ou écoute ses paroles.

À la mort de son mari, Fulvia épouse Marc-Antoine et sa fille se marie avec Octavien. Toutefois, dès qu'Antoine et Octavien quittent Rome pour poursuivre les assassins de Jules César, Fulvia s'empare du pouvoir et règne sur le Sénat. Devant la colère d'Octavien, elle s'enfuit dans les régions périphériques de l'Empire et lève huit légions pour prêter main-forte à Marc-Antoine afin qu'il prenne le pouvoir des mains d'Octavien. Cet épisode est connu comme la guerre de Pérouse de 41 av. J.-C. La Fulvia historique n'était pas simplement une Romaine, mais aussi une rebelle contre son Capitole et ses dirigeants. Tout ce qu'elle fit fut de favoriser le pouvoir de ses époux et le sien, tout comme la Fulvia calculatrice de La Révolte tire les ficelles de la guerre et de la politique pour appuyer la rébellion et l'autorité de Plutarch Heavensbee.

GLIMMER

Tribut du district Un pour les 74e Hunger Games. Son nom (« miroiter » en anglais) reflète les produits de luxe de son district et sa propre apparence glamour.

GLOSS

Tribut du district Un pour les Jeux de l'Expiation. Gloss fait référence à la finition des produits de luxe mais suggère aussi que sa valeur est en surface, contrairement à Katniss.

HOMME-CHÈVRE

Le surnom « Homme-chèvre », comme Thresh ou Catnip, suggère une occupation humble et une proximité avec la nature. Alors qu'il tient son nom de ses chèvres, l'une d'elle prend le nom humain de « Lady ».

HAYMITCH ABERNATHY

Bien que le nom Haymitch ait été inventé par l'auteur, le « hay » au début évoque en anglais le mot hayseed – un garçon de la campagne un peu rustre. Par ailleurs, son homophone Hamish offre de nombreuses possibilités intéressantes. C'est un prénom britannique assez rustique (adapté au district Douze) lié à Seamus et James, les versions gaélique et anglaise de Jacques. Jacques fut l'un des premiers apôtres à suivre Jésus, et lui ainsi que son frère étaient surnommés « Fils du Tonnerre » à cause de leur tempérament enflammé (Marc 3, 17). Le nom signifie « celui qui remplace », celui qui prend la place d'un autre. Haymitch, un des quatre tributs sous-alimentés du risible district Douze, puis mentor ivrogne et ridiculisé dans les Jeux de Katniss, finit par remporter les deux – il a en effet éclipsé ceux qui avaient plus de pouvoir.

Dans Fondation foudroyée (du Cycle de Fondation d'Isaac Asimov), les Hamish forment la communauté agricole de la planète Trantor après la chute de l'Empire galactique. Asimov décrit Trantor comme située au centre de la galaxie, avec une énorme métropole abritant 45 milliards d'habitants. Bien qu'il s'agisse d'un ouvrage de science-fiction, la ville rappelle Rome à l'époque glorieuse de l'Empire.

> *Nous sommes en l'an 12 020 G.E. et l'empereur Cléon Ier, inquiet, est assis sur le trône impérial de Trantor. Ici, dans la grande capitale multimode de l'Empire galactique, quarante milliards de personnes ont créé une civilisation d'une complexité technologique et culturelle inimaginable. Pourtant Cléon sait qu'il y a ceux qui le verraient chuter – ceux qu'il détruirait si seulement il pouvait voir le futur. Quatrième de couverture originale de Prélude à Fondation.*

Les parallèles avec le Capitole et son président menacé sont clairs. Mais après la chute de l'Empire, une population agraire fait surface, heureuse de cultiver paisiblement en marge des cendres du Capitole galactique au gré d'une vie simple. Ils sont appelés Hamish.

Le major Sir Hamish Forbes, 7e baronnet, fut détenu dans une série de camps de prisonniers de guerre allemands au cours de la Deuxième Guerre mondiale. On se souvient de lui pour avoir tenté de s'évader au moins dix fois des quatre camps où il fut retenu prisonnier. Ces tentatives incluent l'excavation d'un tunnel sous la salle de musique (couvert par le son de l'orchestre jusqu'à ce que ce dernier s'arrête soudain et qu'il soit découvert) et la confection d'un déguisement allemand dans l'atelier du camp. Lorsque la guerre tourna en défaveur de l'Allemagne, des milliers de prisonniers furent déplacés à pied vers l'ouest, loin de l'armée soviétique. Forbes tenta par deux fois de se glisser hors de sa colonne et réussit finalement à son troisième essai, pour revenir en Angleterre en héros.

Se faisant l'écho de cet exploit, L'Embrasement soulève la question de savoir comment Haymitch a survécu à son propre jeu et Katniss en conclut qu'il a dû se montrer plus rusé que tout le monde. En fait, il s'est montré plus rusé que le jeu lui-même. Il a franchi de nombreux obstacles pour atteindre la limite extérieure de l'arène où il a fait l'expérience du champ de force qui le maintenait à l'intérieur et l'utilisa finalement pour tuer son dernier adversaire. « Haymitch a trouvé le moyen d'en faire une arme », observent Peeta et Katniss, « pas seulement contre les autres tributs, mais aussi contre le Capitole » en les faisant passer pour des imbéciles (E, 209-210). Son évasion partiellement réussie rassure Katniss, lui rappelant qu'il a défié le Capitole avec succès, tout comme elle. Dans les deuxièmes Jeux de Katniss, Haymitch essaye encore et fait complètement exploser le jeu avec l'aide des autres tributs.

Quant à son nom de famille, Abernathy est un lieu en Écosse qui signifie « embouchure du fleuve Nethy ». Avec le temps, le nom fut adopté par des propriétaires qui vivaient là, témoignant de leur dévouement et de leur responsabilité envers leur terre. Haymitch semble attaché au district Douze, car il est particulièrement malheureux dans les mondes extrêmes du Treize et du Capitole. Chaque fois qu'une bataille s'achève, on le retrouve chez lui à se saouler, gardant les portes verrouillées à l'intention des visiteurs. Sa maison dans le Douze est devenue une part de lui-même.

Ralph David Abernathy Sr. était un ami proche de Martin Luther King et son assistant dans le mouvement des droits civils américain. Il participa à l'organisation du boycott des bus de Montgomery et de plusieurs des plus importantes marches et actions. Durant les manifestations des droits civils, sa maison et son église furent bombardées, et il subit de nombreuses formes de représailles.

En mai 1968, à la suite du meurtre de King, le Dr. Abernathy reprit la direction de la Poor People's Campaign de la SCLC qui visait à mettre un terme à la faim en Amérique. Celle-ci avait débuté par une manifestation des natifs américains des réserves, des ouvriers agricoles désargentés et d'autres groupes minoritaires. La Poor People's Campaign reflétait la conviction intime d'Abernathy que « la clé de la salvation et de la rédemption de cette nation se trouve dans la réponse morale et humaine aux besoins de ses citoyens les plus opprimés et les plus accablés par la pauvreté ». Finalement, la campagne conduisit à la création du Foot Stamp Program, un système de repas gratuits, de garderies et de couverture médicale pour les enfants des personnes à faible revenu à travers l'Amérique. La veille du lancement d'Apollo 11, le 15 juillet 1969, Abernathy débarqua à cap Canaveral avec des centaines de démunis pour protester contre les dépenses gouvernementales pour l'exploration spatiale, alors que de nombreux Américains étaient affamés.

Les rebelles sont un écho de cette campagne, se battant pour mettre un terme au luxe et à la technologie si les habitants des districts meurent pendant ce temps. En dépit du châtiment, ils continuent de se battre afin de créer une meilleure vie pour les pauvres et les affamés de Panem. Dans un livre intitulé Hunger Games, il serait peu surprenant de trouver un hommage à l'homme qui a tant fait pour essayer de mettre un terme à la faim des démunis en Amérique.

HAZELLE HAWTHORNE

Mère de Gale, Posy, Rory et Vick Hawthorne. Le noisetier (hazel tree en anglais) et ses noisettes nourrissantes sont un symbole de savoir ancien bien qu'Hazelle affiche plutôt un pragmatisme terre à terre dans la série. Le noisetier est aussi une plante protectrice et maternelle, les bébés ayant souvent été nourris avec le lait des noisettes. Alors qu'Hazelle est la seule parente nommée, elle est traitée comme un être dépendant, en particulier au début lorsque Katniss et Gale se rendent compte que leurs mères respectives sont comme des enfants pour eux (HG, 15). Toutefois, elle assure le bien-être de sa famille, même dans l'ombre de son héros de fils.

HOMES, JACKSON ET MITCHELL

Noms anglo-saxons typiques pour ces soldats classiques de l'escouade star de Katniss. Jackson, solide meneuse et bras droit de Boggs, rappelle les femmes compétentes qu'on retrouve à des postes de pouvoir pendant la guerre.

JOHANNA MASON

Le prénom Johanna signifie «grâce de Dieu» et est donc intimement lié de par son origine et son sens à Annie, la «grâce». Annie et Johanna sont dépeintes comme antithétiques, l'une si fragile et l'autre si forte et déterminée. Dans le troisième tome en particulier, Katniss se débat entre ces deux forces qui la poussent dans des directions opposées. À voir le bonheur d'Annie et de Finnick, elle pense à son amour pour Peeta. Mais Johanna, torturée par le Capitole, sans ami et seule, montre à Katniss ce qu'elle pourrait être si elle refoulait ses émotions. Alors que Katniss veille sur Annie comme sur sa petite sœur, elle commente, en observant Johanna: «Je me demande si ça ressemble à ça, d'avoir une sœur qui vous déteste.» (E, 332).

Contrairement à la dépendante Annie, Johanna a remporté ses premiers Jeux en prétendant être sans défense, et elle surmonte ses blessures avec beaucoup de détermination. Elle est la définition de la force, Katniss imaginant qu'«elle sait lancer des haches depuis qu'elle a quitté ses couches» (E, 339). Johanna offre cette remarque mémorable: «Ils ne peuvent rien contre moi. Je ne suis pas comme vous, personne que j'aime ne m'attend chez moi » et propose même d'arracher la gorge d'une Katniss (prétendument) enceinte (E, 355). À l'opposé, Annie et Finnick sont définis par leur amour et leur besoin d'être ensemble, leur désir de se créer une vie à eux et d'avoir des enfants, même entourés par la mort. À la fin, Johanna vote pour le maintien des Hunger Games, alors qu'Annie se positionne contre. Ces deux femmes représentent deux types de force : la première dure et physique, l'autre aimante et sensible. Elles guident Katniss alors qu'elle hésite entre ses devoirs envers Peeta et la rébellion.

Le nom de famille de Johanna, Mason, suggère certainement une forme d'artisanat (si le district du charbon de Katniss a des Cartwright, des constructeurs de charrette, le district du bois pourrait avoir des Mason, des maçons). Les maçons, comme les bûcherons, étaient physiquement les individus les plus forts du village, imposants et déterminés, mais aussi plutôt intelligents et hautement compétents dans leur art. Le marteau du maçon était une arme redoutable. Néanmoins, comme il s'agit de tailleurs de pierre, c'est un choix étrange pour le district Sept et ses scieries. Les maçons les plus célèbres étaient les francs-maçons, la guilde créée pour garder les secrets professionnels qui eut une influence énorme sur certains des plus grands hommes politiques américains tels que George Washington ou Benjamin Franklin.

Ce lien met l'accent sur la loyauté de Johanna envers la rébellion et sur les secrets qu'elle dissimule.

LADY

Lady, la chèvre apprivoisée de Prim, est à l'image de sa maîtresse, toujours gentille, élégante, vulnérable et serviable, contrastant avec le sauvage Buttercup. Historiquement, les chèvres ont souvent été un animal sacrificiel, nous donnant le terme « bouc-émissaire ». Lady, bien sûr, ne survit pas à la guerre.

LAVINIA

Dans le Titus Andronicus (fictionnel) de Shakespeare, Lavinia est la fille de Titus. Elle est violée puis a les mains et la langue coupées afin qu'elle ne puisse raconter son histoire à personne. Elle est finalement tuée. Cette Lavinia est bien sûr la quintessence de la victime, et son nom est donc donné à la Muette que Katniss rencontre dans le premier livre. Bien que sa langue ait déjà été coupée, détruisant sa vie et la rendant inexistante au sein de la société, elle est torturée et tuée. Comme le personnage de Shakespeare, elle est une sacrifiée sans voix utilisée comme un pion entre les héros et les méchants de l'histoire.

LEEG 1 ET LEEG 2

Leur nom sonne comme « ligue » et évoque peut-être la « légion » romaine. De fait, Leg. est une abréviation de légat, le terme romain désignant un chef de la légion. Ces sœurs de l'escouade star sont presque interchangeables pour Katniss. Sans même une seule réplique, Leeg 2 est le premier membre de l'escouade à mourir, et Plutarch se contente de promettre de « la remplacer » (R, 279). Elles évoquent aussi des soldats sans visage tout comme les Muets évoquent des victimes politiques sans voix.

LEEVY

Une des voisines de Katniss dans les districts Douze et Treize. En anglais, levee signifie « levée », une digue qui empêche une rivière de déborder, tandis que leavy, est une variante ancienne de leafy, qui veut dire feuillu. Les deux feraient sens pour une habitante du district Douze.

LYME

Vainqueur du district Deux combattant pour les rebelles. Elle vient du district minier, et lime désigne en anglais un type de pierre.

MADGE UNDERSEE ET MAGS

Les deux prénoms sont des variantes de Margaret signifiant « perle ». Bien sûr, les perles sont un symbole de valeur cachée dans l'histoire, à commencer par le commentaire ridiculement inexact d'Effie Trinket qui déclare que les enfants du district Douze pourraient avoir des talents inattendus car « si on applique une pression suffisante sur le charbon, il se transforme en perles » (HG, 80).

Katniss néglige en effet Madge qu'elle voit comme riche et sans valeur, tout comme Mags qu'elle estime vieille et faible. Mais l'histoire lui donne tort. La tante de Madge est morte dans les Jeux et sa broche finit par gagner la confiance de Rue et faire de Katniss le geai moqueur. Madge est finalement tuée parce que comme Katniss, c'est une enfant de l'humble district Douze. Mags elle aussi est une survivante, un vétéran d'un Jeu précédent, très douée pour la confection d'hameçons, la nage et la recherche de nourriture. Elle se sacrifie pour sauver Katniss et ses amis.

MARTIN

L'enfant attardé du district Onze exécuté pour avoir gardé des lunettes de nuit. Le mot désigne en anglais un petit animal à fourrure de type belette, la martre d'Amérique, ou une sorte d'hirondelle. Toutes deux sont des créatures sauvages vivant dans la forêt et évitant les gens. Le nom fait aussi penser à Martius, le fils innocent de Titus Andronicus, qui est exécuté comme bouc-émissaire (les personnages Titus et Lavinia de la pièce de Shakespeare apparaissent aussi dans la série de Collins).

MARVEL

Son district est connu pour produire des produits de luxe et des « merveilles » (marvels, en anglais). Son nom suggère également qu'il a été excessivement gâté par ses parents, en accord avec son statut de tribut de carrière du district Un.

MAYSILEE DONNER

Maysilee est un autre nom inventé par Collins, très proche de Maylie, une variante du nom écossais et anglais May, qui fait bien sûr référence au mois du printemps. May désigne aussi en anglais la fleur d'aubépine et est parfois un diminutif de Margaret (un nouveau lien avec les noms de perle de Mags et de Madge, la nièce de Maysilee).

Le prénom ressemble aussi à may's lily, le lys de mai. Mai est le mois du printemps et de la vie, et le lys en est la fleur emblématique. Elle représente l'innocence, la pureté et la douceur mais aussi la mort, puisqu'elle apparaît souvent aux funérailles. Et, comme l'aubépine, Maysilee apporte espoir, mort et finalement paix à l'humanité à travers la broche du geai moqueur.

Du fait que le nom se prononce « May-silly » et que silly signifie « stupide » en anglais, il nous invite à nouveau à observer plus attentivement les qualités de perle de cette fille apparemment stupide. Maysilee, comme sa nièce Madge, est un trésor caché. Bien qu'elle ait l'air d'une fille de la ville sans défense, elle devient une excellente partenaire pour Haymitch au cours des Jeux. Elle n'est pas seulement plus complexe qu'elle ne le laisse paraître, mais elle peut voir sous la surface de ce qui l'entoure, plongeant les dards de sa sarbacane dans les poisons de l'arène.

Son nom de famille appelle instantanément une référence à l'expédition Donner, peut-être la plus grande tragédie de la conquête de l'Ouest. En 1846, un groupe de chariots se dirigeait vers la Californie, empruntant un raccourci douteux à travers la montagne. Mourant de faim et de froid, ils furent forcés de manger leurs propres morts pour survivre. On se souvient aujourd'hui de cette histoire macabre pour son caractère tragique. En faisant référence à cette horreur, Collins nous rappelle le désespoir que peut susciter la faim.

MONSIEUR ET MADAME MELLARK ET FILS

Les parents de Peeta et ses deux frères aînés ne sont pas nommés dans la série, suggérant que Peeta, comme Katniss, doive veiller sur lui-même sans compter sur sa famille pour son soutien et sa protection.

MESSALLA

Messalla, membre de l'équipe télé de Katniss et assistant de Cressida, fuit sa maison au Capitole pour rejoindre les rebelles. De même, le Messalla historique quitta Rome et servit sous les ordres de Brutus après qu'il eut assassiné César. Dans la pièce de Shakespeare, Messalla sert souvent de messager, un rôle qui renvoie à celui qu'il tient en tant que directeur de la propagande dans le monde de Katniss. Historiquement, Messalla devint l'allié d'Octavien, l'ennemi de Brutus, après la défaite de ce dernier. Lorsqu'Octavien fait ses louanges, Messalla commente: « En effet, Ô César, j'ai toujours été du meilleur et du plus juste côté » (Plutarque, Vies parallèles, Brutus, 53.2). Ceci suggère que l'alliance de Messalla avec les rebelles est elle aussi motivée par l'ambition.

MITCHELL

Voir « Homes, Jackson et Mitchell ».

MUET

En plus de Lavinia, Pollux et Darius, il y a beaucoup de Muets anonymes dans la série. Un serviteur est tué dans le premier livre ainsi qu'un groupe d'entre eux dans les égouts du Capitole dans le troisième. Le terme Avox qui les désigne dans la version anglaise signifie littéralement« sans-voix » en latin, les présentant comme les esclaves muets du Capitole romain. Dans les mythes et les contes de fées, les femmes silencieuses représentent ceux qui, dans le monde, n'ont pas d'influence sur leur vie ou sur la politique. La verbalisation est source de pouvoir, et chanter représente l'expression de soi, en particulier dans la série. Les Muets sont privés de tout ceci, tout comme ils ont été dépouillés de leur citoyenneté et condamnés à être considérés comme inexistants. Ils représentent les citoyens sans défense et les minorités sans droits électoraux qui meurent souvent dans une guerre qu'ils n'ont pas le pouvoir d'arrêter.

OCTAVIA

Octavia, jeune et fragile, travaille dans l'équipe de préparation de Katniss. Elle tient son nom de la sœur d'Octavien devenue épouse de Marc-Antoine pour cimenter l'alliance entre leurs familles. Ceci est un écho de la manière dont les équipes de préparation sont traitées dans La Révolte, puisque leurs membres sont kidnappés pour aider les rebelles. Les deux camps estiment ces équipes coupables des péchés de leurs tributs, alors qu'elles sont probablement toutes aussi naïves que ce trio. Ce sont des pions, utilisés contre leur gré pour servir des causes politiques plus grandes. Torturés et emprisonnés, leurs membres deviennent des victimes, à l'instar de Prim et de tous les autres jeunes civils pris dans une guerre qui les dépasse. Venia, également membre de la même équipe, a un nom d'origine similaire.

COMMANDANTE PAYLOR

Leader militaire rebelle du district Huit. Un nom plutôt britannique sans lien évident avec l'armée si ce n'est un : le sergent-major de l'Army Signal Command

Larry Paylor a récemment déclaré que l'armée ne faisait plus de discrimination envers les femmes, choisissant plutôt les soldats en fonction de leurs compétences. La commandante Paylor de Panem est une femme compétente qui devient finalement présidente, et un excellent exemple de la nouvelle égalité au sein de l'armée.

PLUTARCH HEAVENSBEE

Mestrius Plutarchus (connu par la suite comme Plutarque), était un prêtre du temple d'Apollon à Delphes. Il devint célèbre dans l'Empire romain grâce à ses essais et à ses longs discours, aujourd'hui connus comme les Moralia, qui montraient astucieusement du doigt les défauts de ceux qui gouvernaient Rome. Le Plutarque historique s'intéressait aux questions de morale et défendait le libre arbitre, comme le Plutarch de Katniss. Une fois célèbre, Plutarque se mit à écrire sur les grands personnages de son temps. Ses Vies parallèles constituent une œuvre biographique reconnue, couplant chaque Romain célèbre à un héros grec similaire. Il écrivit sur César, Coriolan, Romulus, Caton, Brutus et d'autres personnages dont les noms apparaissent dans la série de Collins.

Une de ses citations les plus célèbres est : « *Le monde de l'homme n'est jamais aussi bien saisi qu'à travers la vie des hommes qui ont fait l'Histoire* ». Plutarque explique qu'il n'essayait pas de chroniquer l'Histoire, mais d'examiner le caractère des grands hommes. En réalité, ses écrits biaisés soutenaient et flattaient les figures politiques de son choix et influençaient l'opinion publique. En tant que biographe de Katniss, Plutarch Heavensbee essaye lui aussi de faire plus que chroniquer l'Histoire – il tente de l'influencer tandis que son expertise en matière de propagande fait de Katniss le geai moqueur du district Treize. Les deux Plutarque se rebellent contre le Capitole et sa foi en l'ordre pour suivre leurs propres objectifs. Arrow spécule que son nom de famille, Heavensbee, vient de la « Vie de Périclès », un des chapitres des Vies parallèles, qui donne en anglais :

> *« Diopheites introduced a bill that those who did not recognized the Gods, or who taught theories of the heavens, be prosecuted » (« Diopheites introduisit une loi disant que celui qui ne reconnaissait pas les Dieux, ou enseignait des théories sur les cieux, devait être poursuivi »).*

POLLUX

Voir Castor et Pollux.

PORTIA

Portia est la styliste de Peeta et travaille étroitement avec Cinna. Bien que la série ne le dise pas explicitement, c'est probablement une rebelle. Historiquement, Portia était la femme de Brutus et elle se rebella contre la tyrannie de Rome. Elle apparaît aussi dans le Jules César de Shakespeare.

POSY HAWTHORNE

Sœur de Gale. Elle porte un nom végétal, comme Katniss, bien que posy ne désigne qu'un joli petit bouquet, adapté à une enfant.

PRIMROSE EVERDEEN

La primevère (Primrose, en anglais) est jolie et sent bon mais ne nourrit pas. D'un autre côté, il existe une variété officinale. Elle est appelée herbe de Saint-Paul et encore utilisée aujourd'hui pour traiter l'arthrose rhumatisante. D'après Hardy :

> *C'est aussi un bon ingrédient dans les crèmes pour les mains, agissant comme un agent adoucissant (beaucoup de ces crèmes contiennent aussi du lait de chèvre !). La douce Prim a elle-même à la fois des qualités curatives et adoucissantes, lissant les bords rugueux de Katniss et inspirant l'affection de tous ceux qui la connaissent.*

Les Anglais cueillaient des primevères le 1er mai pour célébrer le printemps et les offrir (les fleurs d'aubépine du nom de famille de Gale apparaissaient à côté d'elles). Le mot même – avec le latin prim ou prime qui signifie « premier » – correspond à la jeune rose, ou à la rose primeur. Prim est en effet une jeune fille au printemps de sa vie. C'est ainsi que Katniss la voit, non comme un fardeau mais comme une belle fleur qu'elle doit alimenter et nourrir en échange de sa compagnie tendre et bienveillante. Hardy précise :

> *Comme Prim elle-même, la plante est gaie, jolie et lumineuse, luttant souvent dans des zones dont les autres végétaux ne veulent pas. Elle pousse presque partout, transformant même de petits carrés de terre insipide en jardins. Comme Prim, elle aussi se démène dans un environnement laid et destructeur, apportant beauté et lumière partout où elle va. Et comme Prim, qui se sent chez elle dans le district Treize, ou partout où elle se rend, les primevères s'adaptent et poussent dans presque n'importe quel environnement.*

Les primevères étaient utilisées pour protéger les enfants, comme le fait Prim elle-même dans le dernier tome, car « aucun esprit maléfique ne peut toucher quoi que ce soit protégé par ces fleurs », comme l'observe Watts. Il s'agissait d'un type de fleur féérique, présentant Prim tel un doux farfadet innocent, comme Rue dans sa robe d'interview arachnéenne. Gravée sur une pierre tombale, la primevère du soir représente l'amour éternel, la mémoire, la jeunesse, l'espoir et la tristesse. Immortalisée dans le livre de Katniss, elle en vient à représenter toutes ces qualités pour le lecteur. Rêver de primevères était synonyme de tristesse et de chagrin, et les voir fleurir hors-saison était un présage de mort.

Le surnom « Prim » (« Guindé » en anglais) suggère bien sûr une conduite convenable – Primrose suit les règles contrairement à Katniss. Ce surnom rappelle aussi sa docile chèvre, Lady.

Les primevères sont présentes dans de nombreux poèmes. Shakespeare, dans Le Conte d'hiver, parle assez à propos des « pâles primevères/qui meurent vierges » (IV, 3). Robert Herrick, dans « To Primroses Filled with Morning Dew » met les fleurs en scène sous la forme de petits bébés, symboles de jeunesse et d'innocence. Mais il y a un autre rapport ici : la primerose est montrée en larmes et triste (comme Prim qui perd sa sœur par deux fois dans les Jeux). Et le dernier vers nous rappelle que la fable poignante de Prim apportera une ère de paix sur Panem.

Aux primeroses pleines de rosée matinale
Par Robert Herrick
Pourquoi pleurez-vous, doux bébés ? Les larmes peuvent-elles
exprimer
Le chagrin en vous,
Qui n'étiez que nées,
Tout comme la modeste matinée
Déposait sa fraîche rosée ?
Hélas, vous n'avez connu l'averse
Qui arrose une fleur
Ni senti le rude
Souffle d'un vent violent.
Pas plus que vous n'êtes usées par les années ;
Ou comme nous pervertis,
Qui pensons étrange de voir
De si jolies fleurs telles de jeunes orphelines,
Parlez en larmes avant d'avoir langue.
Parlez, jeunes pleureuses, et faites connaître
La raison qui vous vaut
De faner et pleurer ;
Est-ce par manque de sommeil,

Ou de berceuse enfantine?
Ou car vous n'avez point encore vu
La violette?
Ou porté un baiser
De ce doux cœur, à ceci?
…Non, non. Ce chagrin montré
Par vos larmes versées,
Vous vaudra cette lecture,
Par laquelle le meilleur tout autant que le pire
Est conçu par tristesse, et produit par les larmes.

PURNIA

Le nom de Purnia la pacificatrice est probablement un diminutif de Calpurnia, épouse de Jules César. Elle est clairement loyale envers le Capitole.

LA RENARDE

Ce tribut femelle n'est jamais nommé dans la série, même après sa mort. Son surnom lui confère une apparence animale, comme si elle était une force de la nature plutôt qu'une personne. L'accent mis sur son visage et ses mouvements détourne également l'attention de ses pensées et de ses motivations humaines. C'est là la tragédie des Jeux : une fille meurt et Katniss ne saura jamais qui elle était vraiment. Elle devient une nouvelle victime silencieuse de la guerre. Dans les fables et les légendes, les renards sont généralement habiles et sournois, préférant la tromperie et le vol à la confrontation directe. Ce sont des prédateurs mais ils lâchent prise en face d'adversaires plus puissants et fuient devant les humains. C'est bien la Renarde, tirant toujours avantage de la bataille entre les carrières et Katniss mais évitant de se battre.

RIPPER

La vendeuse d'alcool manchote. Le nom exprime en argot anglais l'idée de se saouler.

ROMULUS THREAD

Le cruel nouveau chef des pacificateurs du district Douze dans L'Embrasement. Le Romulus mythique qui fonda Rome est connu pour de nombreux actes de brutalité tels que le meurtre de son frère jumeau et l'enlèvement des Sabines. Ce Romulus est tout aussi cruel, battant sauvagement Gale et aliénant les citoyens du district Douze. Son nom de famille (« fil » en anglais) suggère qu'il est du Huit plutôt que du Capitole ou du Deux. Ceci pourrait motiver sa sauvagerie car il cherche désespérément l'approbation du Capitole.

ROOBA

La bouchère du district Douze. Le rooba est un genre de ragoût campagnard.

RORY HAWTHORNE

Frère de Gale. Un nom plutôt enfantin pour être un dépendant.

RUE

« *La rue est une plante à fleurs jaunes qui pousse dans le Pré* » (HG, 105) à côté des pissenlits qui évoquent l'espoir et la survie pour Katniss. La rue est une robuste petite plante persistante ; comme notre héroïne, elle fleurit dans un monde pauvre en nutriments. La rue était appelée « herbe des morts » du fait qu'on en déposait des gerbes sur le cou des défunts pour les protéger (renvoyant aux décorations de fleurs de Katniss). Son goût acide et amer a donné lieu au verbe anglais to rue : se repentir ou souhaiter que quelque chose ne soit pas arrivé. Katniss regrette en effet la tragédie de la courte vie de Rue chaque fois qu'elle pense à elle dans la série. Lorsqu'elle chante les quatre notes de Rue, elle l'utilise pour se rebeller contre le Capitole qui l'a tuée.

La plus célèbre référence littéraire à la rue se trouve dans Shakespeare, lorsque la folle Ophélia tend les fleurs au roi Claudius meurtrier en disant :

> *Voilà de la rue pour vous, et en voici un peu pour moi ; nous pouvons bien tous deux l'appeler herbe de grâce, mais elle doit avoir à votre main un autre sens qu'à la mienne...*
> *Hamlet IV, 4*

Alors que Claudius doit subir les remords de l'assassin, Ophélia subit les regrets de ce qu'elle a perdu

– pour ceux qu'elle aimait, comme son père, et qui sont morts dans cette lutte d'ambition politique. Katniss rappelle cet instant lorsqu'elle donne à Snow une rose blanche, la fleur artificielle du Capitole qui a toujours été liée dans son esprit au sang et à la mort. Ophélia et Katniss acceptent toutes deux leur sort mais prennent ce dernier instant pour offrir au tyran ce cadeau particulier, montrant qu'elles savent pour les morts qui l'entachent à jamais.

Granger fait remarquer que la rue est un « *traitement contre la cécité, spirituelle et physique, que l'archange Michel utilise pour restaurer la vision défaillante d'Adam* » dans Le Paradis perdu de Milton :

> *Michel enleva la taie formée sur les yeux d'Adam par le fruit trompeur qui avait promis une vue plus perçante. L'ange lui nettoya le nerf optique avec l'euphraise et la rue, car il avait beaucoup à voir, Milton, Le Paradis perdu xi : 412-415*

La rue offre à Adam une vision claire, quelque chose que gagne Katniss lorsqu'elle se souvient de l'enfant pleine de vie. Chaque fois qu'elle pense à Rue, c'est un moment de tristesse, mais aussi de détermination pour empêcher Snow d'assassiner d'autres enfants. Selon Granger, « Katniss s'éveille à ce qu'elle est, à l'essence de son être, à travers ses remords envers Rue ».

Katniss se représente toujours Rue les bras ouverts, prête à s'envoler, symbole de liberté dans un monde de tyrannie. L'ancien nom romain de la rue, Ruta, vient du grec reuo (« libérer »), parce que cette plante soigne certaines maladies et poisons, tout comme Rue elle-même soigne les piqûres d'abeilles tueuses de Katniss. Elle sera par la suite nommée herbe de grâce parce que les gens en saupoudraient des pincées dans l'eau bénite des églises. La courte vie de Rue devient une bénédiction et une grâce pour Katniss, une protection dans le Jeu puis un souvenir de la beauté et de la douceur à travers la rébellion.

SAE BOUI-BOUI

Surnom de la cuisinière, inventé par Collins.

SEEDER

Tribut du district Onze pour les Jeux de l'Expiation. Le nom est une référence agricole. Ainsi, lors de l'interview, Seeder plante les « graines » (seeds en anglais) des idées rebelles lorsqu'elle demande pourquoi, si Snow est si puissant, il ne peut changer les modalités de l'Expiation.

SENECA CRANE

Sénèque (en latin Lucius Annaeus Seneca) était un philosophe, auteur de comédies et dramaturge stoïcien romain. Il a déclaré « Un diamant ne peut être poli sans friction, pas plus qu'un homme ne peut être parfait sans épreuves », une philosophie intéressante pour les Hunger Games eux-mêmes. Un peu hypocrite et certainement plein d'ennemis, il fut impliqué dans une tentative d'assassinat contre l'empereur Néron. En conséquence de quoi, bien qu'il fût innocent, il lui fut ordonné de se suicider.

Seneca Crane, le Haut Juge, est bien sûr exécuté parce qu'on l'accuse à tort d'être responsable de la provocation de Katniss avec les baies empoisonnées. L'héroïne met en scène sa pendaison à l'intention des juges, leur rappelant qu'eux aussi pourraient mourir pour leur rôle dans les Jeux. Il y a plusieurs sens à « grue » (crane, en anglais), dont celui de l'oiseau symbole du devoir, mais son lien avec la télévision suggère une grue télévisée – l'outil de celui qui réalise les émissions.

TAX

Instructeur en tir à l'arc originaire du Capitole. Cette cité collecte les impôts de Panem, en particulier les tributs pour les Jeux, qui sont eux-mêmes une sorte de taxe. Le verbe anglais signifie aussi « pousser » quelqu'un et, lorsque Tax voit que Katniss peut facilement toucher les cibles fixes, il augmente la difficulté (E, 240).

THOM

Ami de Gale, qui commence à la mine avec lui.

THRESH

Tribut du district Onze qui épargne la vie de Katniss dans les 74e Jeux pour lui rendre la pareille parce qu'elle a aidé Rue. Treshing fait référence en anglais au battage des tiges de blé pour séparer le grain, opération qui demande beaucoup de force, justifié pour cet impressionnant ramasseur de nourriture.

TIGRIS

La rebelle transformée en femme-tigre qui cache Katniss dans sa boutique de vêtements. Plutarque décrit le Tigre et la campagne d'Alexandre le Grand pour conquérir les royaumes mésopotamiens qui entourent le fleuve – dans ses histoires, c'était là que les ennemis de Rome vivaient. Les tigres eux-mêmes symbolisent la furtivité et la ruse. Ils se camouflent afin que personne ne sache où ils sont, prêts à bondir. En fait, Tigris

donne à Katniss et à ses amis des déguisements pour les aider à se camoufler parmi les citoyens du Capitole. Ceux qui sont nés l'année du tigre sont censés être courageux, têtus et compatissants, comme Tigris. Avec son apparence féline, elle incarne la nature animale des districts, comme Katniss et ses vêtements de geai moqueur.

TITUS

Titus était le tribut sanguinaire du district Six qui en vint au cannibalisme. Son nom est lié à la pièce sanglante de Shakespeare, Titus Andronicus. Dans celle-ci, lorsque Titus et sa fille sont mutilés, et ses fils tués, il devient fou. Il fait une tarte des fils de ses ennemis et les leur sert à dîner. Titus et ses ennemis s'entretuent finalement tous et un dirigeant meilleur monte sur le trône.

TWILL

Fugitive du district Huit que Katniss rencontre dans la forêt. Son nom fait référence à un type de tissu, le tissu « sergé ».

LE MAIRE ET MADAME UNDERSEE

Le maire surveille tout le monde dans le district Douze, ce qui colle au sens littéral de son nom (« voir de dessous »). Oversee (« voir de dessus ») aurait donné une trop grande impression de puissance, alors qu'Undersee souligne le fait qu'il travaille « en dessous » de tout le monde au Capitole. Lui et son épouse s'apparentent plus aux parents sans prénom du district Douze.

VENIA

Avec ses tatouages dorés qui évoquent la royauté, Venia travaille dans l'équipe de préparation de Katniss. Venia (diminutif de Lavinia) était une célèbre héroïne semi-fictionnelle donnée en mariage comme pion politique. Dans la légende, elle est offerte au Troyen Énée, de l'autre côté de la mer, et leurs enfants deviennent les Romains. À Panem, Venia est enlevée et forcée à travailler comme une sorte de prisonnière politique. Elle n'a aucun choix dans un monde politique, tout comme son homonyme.

VICK HAWTHORNE

Frère de Gale. Diminutif de Victor, la nouvelle génération qui sera victorieuse et obtiendra la paix.

WIRESS

Son nom fait référence à son district et à ses produits électroniques : si un homme était appelé Wire (« câble électrique » en anglais), la version féminine du nom serait Wiress. La version originale de son surnom « Tic » avec lequel elle forme le couple « Tic et Volts » est « Nuts », qui signifie « cinglée » en anglais. Wiress ne retrouve en effet jamais toute sa tête au cours des Jeux et pourrait facilement être cataloguée comme « cinglée ». Bien que Katniss éprouve de la compassion pour elle, il lui faut du temps pour comprendre les avertissements de Wiress comme autre chose que du non-sens.

WOOF

Le vieux tribut du district Huit pour les Jeux de l'Expiation. Dans le processus de tissage, les fils sont tirés dans deux directions sur un métier. Les fils de la longueur constituent la chaîne, et les fils de la largeur constituent la trame, woof, en anglais.

YORK

Instructeur militaire du district Treize. Le field marshal Sir Charles Yorke était secrétaire de l'armée britannique à la fin des années 1800, alors que York est une ville anglaise fondée par les belliqueux Vikings. Le nom vient d'un terme anglais désignant un éleveur de porcs, suggérant un lien avec le district Dix.

CHAPITRE 3
LES SYMBOLES

ARC ET FLÈCHES

La plupart des héros manient une épée magique. Mais les héroïnes utilisent plus souvent une arme à distance telle que le fouet d'Hécate ou, plus fréquemment, un arc et des flèches.

Katniss, comme la mythique Artémis ou l'amie de Percy Jackson, Annabeth, a un arc. Tout comme Birgitte Silverbow dans la série La roue du temps ou Felicity dans The Gemma Doyle Trilogy. Même Susan, dans la série Le Monde de Narnia est appelée « la grande archère ». Katniss commence la série avec les arcs fabriqués par son père, des armes de la forêt qui, comme son grand livre, représentent la connaissance de la nature de son père et son espoir à elle de nourrir sa famille. Toutefois, ses objectifs passent de protéger les siens à survivre aux Jeux puis gagner la guerre pour Panem.

Dans ses premiers Jeux, Katniss trouve un arc en argent brillant, presque magique de par sa force et sa puissance. Une fois qu'elle l'a en main, elle sait qu'elle n'est plus une proie mais une puissante guerrière (HG, 204). Katniss tire pour déclencher les mines qui entourent les réserves des carrières et pour éliminer les mutations contre nature qu'envoie le Capitole. Elle abat aussi le dernier tribut dans un geste de compassion, un meurtre miséricordieux.

L'argent est la couleur de la magie lunaire et de la force féminine. Sa clarté, tel un miroir, évoque la vision et la connaissance profonde, tandis que la matière elle-même est malléable mais solide. La trajectoire de l'héroïne en est le reflet : mêlant flexibilité et résistance, s'inclinant devant l'autorité tout en triomphant d'elle de par un courage indescriptible. Les parachutes d'argent renvoient à l'arc, comme des cadeaux magiques de la part des dieux. Toutefois, comme l'arc, les parachutes peuvent apporter salvation ou mort.

L'arc noir de Katniss dans le dernier livre est un arc de mort, plus adapté à Katniss la soldate qu'à la jeune ado séduisant les sponsors des Jeux. Il lance des flèches incendiaires et explosives, faisant réellement d'elle la fille du feu, tandis qu'elle passe de la chasse aux écureuils à l'abattage des hovercrafts ennemis.

PAIN

Le pain, source de vie, est un des symboles les plus omniprésents dans la Bible et la mythologie mondiale.

Dans le district Douze, pour se marier, les deux futurs époux doivent partager intimement du pain grillé. De même, lorsque Peeta offre à Katniss deux tranches de pain, elle perçoit ce cadeau comme un don de vie, qu'elle ne pourra jamais rembourser. Rapportant le pain à la maison, elle sert du thé et insiste pour que sa mère et sa sœur la rejoignent à table. Ce ne sont pas des animaux affamés se jetant sur un repas mais une famille célébrant le retour à la vie. Et, bien sûr, le pain que le district de Rue envoie est une source d'amour et de soutien pour Katniss dans un moment de tristesse. Au Capitole, même Octavia glisse un petit pain à Katniss dans un acte de bonté. Le pain est précieux dans le district Treize aussi, où le voler conduit l'équipe de préparation de Katniss en prison. Tous les districts le considèrent comme un don sacré qui ne doit pas être gâché.

PISSENLIT

La racine de katniss n'est pas le seul symbole important pour notre héroïne. Pour elle, ce sera toujours le pissenlit qui lui a rappelé « que tout espoir n'était pas perdu », la seule fleur qu'elle ait vue éclore dans la cour de l'école (HG, 56). Celui qu'elle vit dans le Douze alors qu'elle avait perdu espoir était le premier pissenlit du printemps et, en tant que tel, une promesse d'espoir et d'une saison de nourriture pour elle et sa famille. Son petit bouton, fleurissant même dans la cour d'école désolée du district Douze, lui rappelle que la nature a un pouvoir même dans les lieux les plus hideux. Il lui donne le courage d'entrer dans la forêt seule et c'est là qu'elle apprend à veiller sur sa famille grâce aux dons de la nature.

Le pissenlit est une plante coriace : il jaillit dans les pelouses soigneusement entretenues, peu importe quels stratagèmes leurs propriétaires déploient pour les supprimer, et lance ses graines plumeuses à travers le monde. Les dents rageusement déchiquetées qui bordent ses feuilles lui ont valu son nom français original, « dent-de-lion » qui donnera plus tard dandelion en anglais. Avec sa tête de lion jaune clair, il évoque Buttercup et donc Katniss elle-même. C'est une petite plante qu'on néglige facilement mais, comme la racine de katniss, elle est résistante et forte. Et, bien sûr, c'est une source de nourriture bienvenue. Alors que ses feuilles peuvent être consommées en salade, la sève laiteuse du pissenlit l'a longtemps associé au lait et à l'allaitement dans l'esprit des gens.

À jamais liée à Peeta et à son généreux don de pain, sa fleur jaune éclatante brille tel un petit soleil sur le sol et se répand sur la terre dans une vague printanière de lumière. Lorsque Peeta se souvient de ce pissenlit, il fait jaillir en Katniss un espoir similaire, que le conditionnement du Capitole ne l'ait pas emporté à jamais. Il existe un mythe folklorique selon lequel placer des feuilles de pissenlit sous l'oreiller d'une jeune fille la fera rêver de son futur époux, liant une fois encore la romance de Peeta et Katniss à la plante qui lui a donné naissance. Katniss l'appelle « *pissenlit au printemps. Le jaune vif qui évoque la renaissance plutôt que la destruction. La promesse que la vie continue, en dépit de nos pertes.* » (R, 413) Et c'est ce que Peeta et la *fleur signifient pour elle.*

CANARD

Prim est connue pour le pan de sa chemise mal rentré qui fait penser à une queue de canard et Katniss l'appelle son « petit canard » dans Hunger Games (22) et La Révolte (43). Alors que la chemise débraillée symbolise la jeunesse et la maladresse dans la série, les canards eux-mêmes sont connus pour leur débrouillardise dans leur recherche de petites graines et d'insectes. Ils symbolisent aussi la transition car ils migrent et la sensibilité parce qu'ils ressentent leur environnement. La douce et sensible Prim qui aide Katniss à mûrir en vient à refléter toutes ces qualités dans la série.

NOURRITURE

Les alliés de Katniss dans le district Douze sont les nombreux animaux et plantes, les framboises et les oies sauvages qui nourrissent sa famille. Les animaux sont traités avec respect, Katniss tirant de manière à infliger le moins de douleur possible et rapportant les parties dont elle ne veut pas à Sae Boui-Boui. La nourriture elle-même est sacrée dans le Douze – peu surprenant compte tenu du peu dont ils disposent – mais elle occupe aussi la majeure partie de leurs rituels et de leur vie sociale. Le ragoût d'agneau qu'elle partage avec Peeta dans les Jeux, le groosling qu'elle offre à Rue, les mûres qu'elle lance à Gale, tout cela la rapproche d'eux. Lorsqu'elle et Peeta voient les gens du Capitole gaspiller en se faisant vomir lors du banquet dans L'Embrasement, ils sont réellement, fondamentalement, horrifiés. Si partager le petit morceau de pain d'un couple marié est un acte sacré, les citoyens du Capitole sont ici les vrais barbares.

LA FILLE DU FEU

Le costume enflammé de Katniss, sa robe qui luit comme des charbons ardents et celle qui lui donne l'impression d'être «*drapée dans la lueur d'une chandelle*» (HG, 363), toutes ces tenues reflètent la force et l'audace de son cœur. Mais elles sont aussi artificielles, dans leur but comme dans leur conception. Toutes trois sont conçues pour présenter Katniss comme quelqu'un qu'elle n'est pas, d'une débutante éblouissante dans une robe de bal à diamants à la fille innocente qui n'a aucune idée du chaos qu'elle a engendré. Katniss les voit comme des costumes, des déguisements qui masquent sa peur et ses incertitudes derrière des effets spéciaux stupéfiants. Comme la robe de mariée étincelante choisie par le président Snow et plébiscitée par les citoyens blasés du Capitole, elles sont le reflet de ce que les autres attendent d'elle, plus que de ses propres choix. Ceci transparaît lorsqu'elle est concrètement brûlée dans les premiers Jeux – le feu n'est pas son allié, il est son tourment. Et bien que Cinna essaye de l'aider, il suit aussi ses propres objectifs révolutionnaires.

Cinna a demandé à créer pour le district Douze et il cherche à rendre ses tributs « inoubliables », même avant de rencontrer Katniss et Peeta (HG, 72). Et, dans la mesure où il l'habille comme une poupée dans toutes ses incroyables créations, il est évident qu'elles parlent de lui et de la figure de proue qu'il veut qu'elle soit. Il ne dit pas à Katniss que la robe de mariée qu'il lui confectionne va provoquer une émeute publique contre le Capitole tandis que les cendres et la fumée s'enroulent autour de la fille du feu, condamnée à mort dans l'arène. Lorsqu'elle émerge des cendres grises du geai moqueur, elle est vêtue du message de quelqu'un d'autre, non du sien. Et ce ne sera pas la dernière fois.

Toutefois, à partir du troisième livre, elle commence à affirmer son rôle non seulement de geai moqueur, mais d'incarnation de la flamme. Elle élimine les soldats du Capitole à l'aide de flèches incendiaires et explosives, puis annonce à la caméra : « *si nous brûlons, vous brûlerez avec nous* » (R, 111). Elle devient un chef pour les rebelles, entourée des flammes de la guerre.

Lorsqu'elle est grièvement brûlée à la fin de La Révolte, elle se retire dans les rêves, dans la folie, dans un cocon de soie où elle a le sentiment de subir une métamorphose. « *Je me tortille, je m'efforce d'échapper à mon corps ravagé et de me faire pousser des ailes somptueuses* », explique-t-elle (R, 387). Le feu transforme tout ce qu'il touche, de la céramique au métal. Le phénix mythique meurt dans une explosion de flammes puis renaît, fort et plein de vie. De cette manière, Katniss est transformée par le feu, par ses « plumes de feu », telles qu'elle les imagine sortant de son corps (R, 372). Elle perd un temps la vie, comme une « Muette mentale » (R, 375) mais la recouvre et se met finalement à chanter, quelque chose qu'elle n'a fait que rarement dans la série. Elle constate également que Peeta a traversé les mêmes tourments avec le feu, et qu'ils sont devenus identiques. Avec le temps, elle refait surface sous la forme d'une femme adulte, prête à affronter le district Douze et l'amour qui l'attend là-bas.

L'ARBRE DU PENDU

Dans le troisième livre, Katniss retrouve son lac bien-aimé et provoque les geais moqueurs avec sa chanson interdite et subversive. De nombreux fans, en lisant L'arbre du pendu et en voyant l'image de Katniss entourée d'oiseaux mélancoliques se sont demandé si cet épisode n'aurait pas pu s'inspirer du poème de guerre « Au champ d'honneur » de John McCrae. Dans une interview pour Scholastic, Suzanne Collins relate en effet comment son père l'avait emmenée aux magnifiques champs de coquelicots de Flanders, une scène qu'on aurait *dit « tout droit sortie du Magicien d'Oz »*, jusqu'à ce qu'il lui récite le poème. « OK, donc ce fut un moment de métamorphose, car désormais je regardais ce champ et me demandais si ce n'était pas un cimetière, » expliqua-t-elle. Elle récita le poème pour les journalistes qui frissonnèrent à l'écoute de ces sinistres mots :

Au champ d'honneur, les coquelicots
Sont parsemés de lot en lot
Auprès des croix ; et dans l'espace
Les alouettes devenues lasses
Mêlent leurs chants au sifflement
Des obusiers.
Nous sommes morts,
Nous qui songions la veille encor'
À nos parents, à nos amis,
C'est nous qui reposons ici,
Au champ d'honneur.
À vous jeunes désabusés,
À vous de porter l'oriflamme
Et de garder au fond de l'âme
Le goût de vivre en liberté.
Acceptez le défi, sinon
Les coquelicots se faneront
Au champ d'honneur.

Nous trouvons ici l'image qui domine la chanson de Katniss, et également les derniers instants du livre, avec ses enfants jouant dans le cimetière aux mots de l'ultime berceuse de Katniss à Rue. Les arbres et les fleurs pleins de vie côtoient de manière dérangeante les tombes et les nœuds coulants. Même parmi les coquelicots et les alouettes, il y a toujours ce rappel que la terre est un cimetière des batailles passées. Ce poème de la Première Guerre mondiale chanté chaque année pour la journée du Souvenir à Ottawa présente de nombreux liens avec la chanson de Katniss, du soldat mort qui relate son histoire à la demande poignante que ceux qui se sont déjà sacrifiés ne soient pas oubliés. Les deux poèmes soulignent que les vivants héritent de la guerre des morts, pour combattre ou s'enfuir, pour rester fidèles ou oublier les leçons de l'Histoire.

L'arbre du pendu est en lui-même subversif parce qu'il souligne qu'un homme est exécuté parce qu'il était «leur soi-disant meurtrier» (R, 135). Dans le monde de mensonges et de boucs-émissaires du Capitole, il n'y a aucune preuve qu'il l'a réellement fait. Son amante, qui pourrait n'avoir commis aucun crime, est également condamnée à mort, comme les amis et membres de la famille de certains tributs exécutés. Enfin, la conclusion souligne que la mort n'est que liberté dans leur monde dystopique.

Granger compare le poème à Strange Fruit, une chanson sur les lynchages dans le sud de l'Amérique qui fut utilisée par le mouvement des droits civils. Il suggère que L'arbre du pendu était un cri de ralliement, un hymne rebelle plus qu'une simple chanson populaire. Granger suppose:

> *L'homme sur l'arbre chantant pour que son amour le rejoigne n'était pas un criminel mais un révolutionnaire. Ses meurtres n'étaient pas des homicides commis par passion mais l'exécution de Pacificateurs du Capitole ou de malfrats de la compagnie minière [...] En substance, L'arbre du pendu appelle les vivants qui aiment la liberté à se joindre aux*

combattants martyrs en plaçant cette cause au-dessus de toute considération pour leur vie personnelle. C'est une invitation à la révolution, c.a.d. à risquer la mort dans l'espoir d'une meilleure vie. M. Everdeen ne la chante pas parce que c'est une chanson simple et facile à retenir; il exprime ses convictions révolutionnaires aussi ouvertement qu'il l'ose et demande aux autres de le rejoindre. Mme Everdeen, apparemment, avait raison d'être terrifiée par l'audace de son mari. Nous pouvons sans crainte supposer que lui et le père de Gale sont morts dans une explosion à la mine provoquée par le Capitole afin de tuer des hommes connus pour comploter contre le régime.

Si la chanson est un hymne révolutionnaire, ceci expliquerait la réaction intense de l'équipe de propagande de Katniss et la pulsion qui incite cette dernière à la chanter pour les films des rebelles. Les hymnes interdits et les chants révolutionnaires ont eu leur place dans toutes les batailles de la planète, offrant un moment familier aux étudiants en histoire.

Cette chanson devient presque un écho de la relation entre Peeta et Katniss puisqu'ils proposent chacun leur tour de se sacrifier dans les Jeux tout en implorant l'autre de fuir. Ils se demandent tous les deux si la mort n'est pas la seule issue possible à leur romance, à commencer par leur tentative de suicide à la fin du tome 1. Katniss pense de nouveau à la chanson lorsque Peeta veut prendre le sureau mortel au Capitole: « *Pour je ne sais quelle raison, le dernier couplet de L'arbre du pendu me revient en mémoire. Celui où l'on comprend que l'homme préférerait voir sa bien-aimée morte plutôt que de la laisser affronter seule le mal qui l'attend en ce bas monde.* » (R, 311). Bien qu'elle ne laisse pas Peeta se sacrifier, elle accepte qu'il emmène avec lui une pilule de sureau mortel afin de pouvoir sauver la mission et éviter la torture entre les mains de Snow. Peeta empêche Katniss de se suicider par la suite, lui disant qu'elle est la seule source d'espoir dans sa vie. Alors que chacun sauve l'autre, ils trouvent le moyen de maintenir en vie un espoir tremblotant pour la liberté, même plongés dans l'horreur et la tragédie.

HOLO ET GRAND LIVRE

Notre héroïne guerrière tire souvent à l'arc, mais certaines jeunes femmes plus posées remportent la victoire à l'aide d'instruments de perception et de sagesse. Ce type d'instrument se retrouve dans le titre du Miroir d'ambre de Philip Pullman, dans la pierre creuse de Coraline ou les lunettes de Meg Murray, qui révèlent la vérité lorsqu'elle regarde au travers. Dans la mythologie, voir la vérité est un don féminin accordé par les miroirs magiques et les puits à souhait. Rue endosse ce rôle dans le premier livre, signalant les plantes utiles et les guêpes tueuses que Katniss ne remarque pas.

Dans La Révolte, le holo a un rôle similaire, guidant Katniss à travers le Capitole. Avec sa carte holographique, c'est un instrument de perception qui permet à l'héroïne de voir les pièges cachés d'une rue apparemment innocente. Plus important, il devient symbole de son autorité, confié par Boggs lorsqu'il lui passe les commandes. Elle l'utilise pour guider ses amis à travers le Capitole et finalement les sauver grâce à son pouvoir explosif.

Les livres sont encore plus populaires dans les contes initiatiques des héroïnes modernes, apparaissant dans Cœur d'encre, Ella au pays enchanté, Les Chroniques de Spiderwick et Les Désastreuses aventures des orphelins Baudelaire, entre autres. Katniss a le précieux grand livre familial de son père avec les descriptions des plantes comestibles. Il contient un guide de tout son savoir, cette incroyable connaissance de la forêt qui sauve sa famille de la faim puis aide Katniss à survivre dans les Jeux. Elle le définit comme un «*recueil où consigner ce qu'on ne peut pas confier aveuglément à la mémoire*», les notes révélant laquelle de deux plantes d'apparence similaire peut tuer et laquelle guérit (R, 412). Bien sûr, l'autre grand pouvoir du livre est qu'il peut être transmis à la postérité. Tout au long de la série, elle conserve ce recueil ainsi que le blouson de chasse de son père près d'elle comme des talismans pour se protéger du mal qui l'entoure.

Bien que Katniss et Peeta contribuent au livre familial dans L'Embrasement, le grand livre préfigure son livre final, écrit comme un tribut aux Jeux et à la guerre qui suivit. Tous ses précieux souvenirs sont consignés là, et pas seulement pour immortaliser ceux qu'elle aime. C'est également un livre avec ce qui est trop précieux pour être confié à la mémoire: le message que la guerre détruit les innocents et est source de souffrances qui ne doivent pas revenir. Elle peut le transmettre à ses enfants pour les «[rendre] plus courageux» (R, 418) et les guider vers un futur où l'humanité pourra surmonter la guerre.

LES HUNGER GAMES

« *Dans le livre, les Hunger Games annuels sont eux-mêmes un outil de pouvoir utilisé pour rappeler qui est aux commandes et ce qu'il arrive aux citoyens qui ne capitulent pas,* » note Collins. La faim est l'outil utilisé au jour le jour pour torturer les citoyens des districts, « *telle une arme pour contrôler les populations* ». Ainsi, les Jeux sont la variante la plus puissante de cette arme, forçant les districts à regarder comment leurs enfants sont affamés, torturés et mis à mort, réduits à l'état des sauvages que le Capitole imagine qu'ils sont. Il s'agit d'une forme de tyrannie réellement brutale, visant les membres les plus innocents et les plus vulnérables de la société, un thème répété tout au long de la trilogie.

GEAI MOQUEUR

Ces petites créatures se sont adaptées à la nature et, d'instruments d'espionnage, ils sont devenus des oiseaux au chant magnifique doués d'un certain talent pour donner l'alerte. Comme Katniss, ils utilisent le pouvoir de la nature pour survivre et embarrasser le Capitole de par leur force authentique, en dépit des tentatives pour les transformer ou les détruire. Collins observe :

> *Bien, le truc avec les geais moqueurs c'est qu'ils n'auraient pas dû être créés. Ils ne faisaient pas partie des projets du Capitole. Alors nous avons cette créature dont le Capitole n'a jamais voulu et qui, de par sa volonté de survie, existe*

[...] Je suppose que symboliquement, Katniss est un peu comme le geai moqueur elle-même et en elle-même. Une fille qui n'aurait jamais dû exister.

Katniss commente : «*Je suis le geai moqueur. L'engeance qui a survécu malgré les plans du Capitole. Le symbole de la rébellion*» (E, 395). De fait, Katniss grandit et, d'une enfant négligée, elle devient une puissante chasseuse qui peut se glisser dans le pré interdit pour nourrir sa famille. Bien qu'elle vienne du district le plus pauvre, celui qu'on oublie facilement et qui ne gagne presque jamais, elle remporte la victoire et défie les juges pour sauver son camarade tribut en même temps qu'elle. Pour la première fois, il y a deux vainqueurs. Pour la première fois, un district sponsorise un tribut qui n'est pas le sien en lui offrant un cadeau. Depuis son premier tir de flèche dans la salle de conférence des juges, Katniss brise toutes les règles. Le Capitole, pense Katniss, n'a jamais imaginé que les geais bavards soient capables d'échapper à son contrôle, de s'adapter, de prospérer et de s'accoupler dans la nature. «*Il n'avait pas anticipé leur volonté de survivre*», conclut-elle (E, 99). Sa propre volonté de survivre et de sauver ceux qu'elle aime s'avère être le poison du Capitole.

MUTATIONS

Alors que les pissenlits et les fleurs sauvages, tout comme les geais moqueurs, symbolisent l'espoir et la volonté de la nature, les monstrueuses mutations génétiques sont les ennemis contre nature les plus terrifiants de Katniss. Les mutations, comme elle l'observe dans le dernier tome, sont pensées pour blesser les gens avec « un ressort psychologique pervers » (R, 333). Les loups qui ressemblent aux tributs tués dans ses premiers Jeux suscitent dégoût et peine. Dans le dernier livre, des lézards humanoïdes soupirent le nom de Katniss et dégagent l'odeur nauséabonde des roses de Snow pour la tourmenter. Encore pire, Peeta est transformé en un clone enragé de lui-même, prêt à assassiner Katniss. Ces mutations sont la perversion ultime de la nature : toutes sont des forces de destruction conçues pour tourmenter et contrôler le peuple de Panem. Dans la vraie forêt, Katniss est invincible, mais contre ces créatures difformes, elle n'a pas beaucoup d'autres remèdes que de se serrer les coudes avec ses amis et d'endurer les agonies mentales.

SUREAU MORTEL

De manière significative, Katniss ne défie le Capitole avec aucune de leurs technologies artificielles, mais avec une simple poignée de baies. Elles « luisent au soleil » (HG, 353), comme l'image lumineuse de l'espoir combiné à la noirceur de la mort. Ces baies représentent le dernier acte de défi que les rebelles peuvent utiliser pour résister au Capitole, à l'image de la robe enflammée que Cinna crée pour Katniss avant d'être puni. Bien trop d'alliés de Katniss choisissent cette voie, puisque presque toute son escouade star se sacrifie pour lui permettre d'atteindre la résidence du président Snow.

Quant au sens du mot, dans le texte original, les baies sont nommées nightlock, où night (« la nuit »), bien sûr, représente la mort. De fait, la racine latine du mot, nox, « la nuit », (de même que noxa, « la blessure »), en est venue à signifier poison dans certains mots modernes comme « nocif ». En anglais, lock désigne une serrure, qui est bien sûr fermée et verrouillée, un état permanent, comme la mort. Elle évoque à la fois un cercueil et la manière dont Katniss peut « verrouiller » son holo ou le transformer en bombe en répétant « sureau mortel, sureau mortel, sureau mortel ».

Les soldats aussi sont équipés de pilules de sureau mortel tenant leur nom de l'acte désespéré de Katniss dans le Jeu de même que du poison que la pilule contient. Et de fait, Gale, Katniss et Peeta envisagent tous les trois d'en prendre dans le dernier livre afin d'échapper au châtiment et de sauver la mission. Katniss fait même exploser son holo avec le code « sureau mortel » pour sauver ses quelques amis survivants et mettre un terme au tourment des autres. Ce faisant, elle accepte enfin de ne pas pouvoir sauver tous ceux qui sont sous ses ordres et comprend la nécessité d'utiliser leur mort comme outil pour gagner la guerre. Dans ce monde dystopique, où même le doux Peeta peut être transformé en monstre par le lavage de cerveau, la mort est la seule chose que les rebelles peuvent contrôler.

PERLE

Granger observe que la perle symbolise « le génie dans l'obscurité », ou le talent non révélé en ce monde parce que la précieuse pierre est cachée dans la chambre secrète de l'huître. Mags et Madge, dont le nom signifie « perle », s'avèrent toutes deux incarner cette qualité. Au moment où Peeta donne une petite perle à Katniss dans L'Embrasement, elle se rend compte que lui aussi a de la valeur sous la surface. Notons que les Grecs puis la civilisation occidentale considéraient la perle comme un symbole d'engagement et d'amour.

Ces personnages de perles brillent comme des phares, amenant Katniss à comprendre comment la tyrannie de Snow affecte même les privilégiés, même ceux qui semblent stupides ou ridicules : tous ces gens peuvent devenir des héros au bout du compte. Snow enlève ces trois personnages, ces trois perles, à Katniss, la laissant sans guide dans le troisième livre, luttant pour trouver la lumière qu'elle recherche et qui danse sur le mur tel le pinceau de sa lampe torche.

Granger cite la parabole de « la perle de grand prix » dans la Bible, une histoire sur l'abandon de tous ses biens matériels pour accéder à la salvation :

> *Le royaume des cieux est encore semblable à un négociant en quête de perles fines : en ayant trouvé une de grand prix, il s'en est allé vendre tout ce qu'il possédait et il l'a achetée. Matthieu 13 45-46*

La perle, un cercle sans commencement ni fin, est un symbole divin. Granger explique que lorsque Peeta lui en offre une, il lui offre en réalité la salvation, puisqu'il se sacrifie de manière christique pour sauver Katniss afin qu'elle mène une révolution et donne naissance à un monde meilleur :

> *Lorsque Peeta donne à Katniss la perle avant la crise de l'Expiation et après avoir promis de mourir pour qu'elle ait une vie meilleure, nous avons le don d'amour et de lumière qui n'est rien d'autre que le don de la figure du Christ – et un symbole de son éventuelle divinisation si elle peut préserver la purification dont elle fait alors l'expérience [...] La transformation spirituelle de Katniss, voire même sa théosis, dépend de sa capacité à "se trouver elle-même", et c'est cette "perle de grand prix" que lui a donnée le garçon des pains qui est son "trésor caché" et la lumière pure qui va la sauver.*

ROSE

À l'opposé de l'humble pissenlit, se trouve la rose de serre, la plus choyée et la plus populaire des fleurs de luxe. Si Katniss, la simple chasseuse-cueilleuse est la racine de la sagittaire, Snow sera toujours une fleur plus grande que nature qui ne sustente nullement mais peut remplir une pièce entière d'une senteur envahissante et impérieuse. Pire encore, le parfum capiteux de la rose couvre les odeurs de sang et les effets du poison qui est devenu l'arme fétiche de Snow.

Pour Katniss, l'odeur de la rose masquera toujours l'odeur du sang. De fait, la rose présente un lien mythique avec le sang, principalement de par sa couleur rouge vif. Dans la tradition chrétienne, les roses rouges sont associées au Graal qui a recueilli le sang de Jésus, tandis que des poèmes anciens relatent : « *Sur les champs de bataille où sont morts un certain nombre de héros, des roses et des églantines vont pousser*». Dans de nombreux mythes, des roses rouges ou des anémones fleurissent du sang d'un dieu mourant. Elles apparaissent traditionnellement sur les tombes lors des enterrements, ainsi cataloguées fleurs funéraires comme les lys.

En dépit de sa beauté, la rose cache des épines, comme Snow lui-même et le Capitole. Il existe ainsi une légende qui raconte que les épines ont poussé aux roses lorsque le mal a été introduit dans le monde. Il pourrait paraître étrange qu'une fleur si adulée soit la compagne infaillible du violent dictateur. Mais pour Katniss, ces roses de serre sont une autre mutation génétique du Capitole, coupées de la nature et de leurs racines pour contenter les citoyens blasés. Dans le dernier livre, Katniss pénètre dans la serre magnifique de Snow où il force les roses à fleurir hors-saison selon les couleurs exotiques et contre nature du Capitole lui-même. Elles sont « rose vif, orange crépuscule ou même bleu pâle » (R, 379). Les jardins comme ceux de Snow ont toujours été considérés comme des symboles du pouvoir de l'homme sur la nature, un palais pour les puissants et les riches. Bien que la roseraie soit superbe, elle rappelle les donjons ou les Jeux dans lesquels Snow emprisonne tant de gamins des districts avec leurs noms de fleurs. À l'évidence, la rose blanche, comme celle que Katniss envoie à Snow à la fin, symbolise le martyr.

SERPENT

Que Snow soit un empoisonneur ne surprend pas Katniss car elle pense que c'est « *l'arme parfaite pour un serpent* » (R, 186). Son « teint rose pâle » et sa « coloration verdâtre » accentuent encore le lien tandis qu'il agonise, assis dans sa roseraie (R, 380). Dans Jules César, Brutus décrit le tyran César comme une « vipère », une menace sournoise et reptilienne pour la liberté du peuple qui doit être éliminée alors qu'elle n'est toujours que « *l'embryon d'un serpent* » (II, 1) et qu'il n'a pas encore réclamé le trône. Il craint en particulier que ce pouvoir corrompe son ami, une menace qu'on retrouve dans Panem chez Snow comme chez Coin.

Le prénom de Coin, Alma, signifie « pomme » en hongrois. Étant donné qu'une pièce de monnaie a deux côtés, et que le président Snow est souvent qualifié de « serpent », la référence à l'arbre de la connaissance et à l'arbre de vie du jardin d'Éden se fait de plus en plus nette alors qu'il se tient dans sa roseraie et que Katniss doit choisir entre la tentation de s'abandonner au mal (Snow le serpent) et la connaissance du véritable état de Panem et de la révolution (Alma Coin). Le serpent est connu dans la Bible pour dire la vérité, mais une vérité nuisible et destructrice qui conduit à la chute de l'auditeur et à la fin du paradis. Nous retrouvons ici toutes les conversations de Katniss avec Snow, dont les mots blessent avant tout parce qu'elle sait en son cœur que c'est la vérité. Dans la roseraie, alors qu'il lui rappelle qu'elle ne devrait mentir ni à elle-même ni à lui, ses mots empoisonnés modifient son allégeance et la forcent à voir ce que sa révolution a créé. Elle tire sa dernière flèche pour la liberté de Panem, rejetant les deux alternatives proposées par le président.

CHAPITRE 4
ALLUSIONS À LA LITTÉRATURE ET À LA VIE

DYSTOPIE

> *Raconter une histoire dans un monde futuriste vous accorde cette liberté d'explorer ce qui vous dérange à l'époque contemporaine. Ainsi, dans le cas des Hunger Games, des questions comme l'immense inégalité des richesses, le pouvoir de la télévision et comment elle est utilisée pour influencer nos vies, la possibilité que le gouvernement puisse utiliser la faim comme une arme, et enfin, et par-dessus tout pour moi, la question de la guerre [m'ont amenée à écrire de la science-fiction].*

Suzanne Collins a livré ce commentaire lors d'une interview, expliquant comment elle a utilisé le pouvoir de la dystopie, ou d'un futur de science-fiction pessimiste, pour raconter son histoire en s'inspirant de nombreuses autres œuvres célèbres.

Les romans Fahrenheit 451 et Le Meilleur des mondes voient tous les deux les villes du futur comme des lieux rutilants pleins de vêtements excentriques, de voitures volantes, de chirurgie esthétique, de télévisions géantes et de drogues apaisantes. Le gouvernement s'est emparé de la pensée indépendante, laissant les habitants puérils et naïfs, assez semblables aux citoyens du Capitole de Panem. Et, tout comme ces citoyens, les résidents de la ville ont perdu le genre de compassion humaine qui s'opposerait au sacrifice d'enfants, même d'enfants d'étrangers, pour une glorieuse semaine de divertissement.

La série présente des parallèles extrêmement clairs avec les livres de George Orwell qui font partie des préférés de Collins. Dans 1984, le gouvernement espionne ses citoyens à chaque instant, réécrivant l'Histoire à coups de propagande et de mensonges. Regarder la télévision et dénoncer ses voisins est obligatoire. C'est la vie de Katniss, puisqu'elle est toujours sous surveillance dans le district Douze, même avant d'entrer dans les Jeux.

Dans La Ferme des animaux, les cochons mènent une révolution et expulsent les fermiers pour gouverner la ferme eux-mêmes, mais bientôt ils se placent au-dessus des autres animaux, devenant finalement semblables aux humains. C'est le vrai danger du pouvoir, un danger auquel succombe rapidement la présidente Coin qui torture l'équipe de préparation de Katniss et cherche à exécuter quiconque pourrait menacer son autorité. La leçon des deux histoires est claire : le pouvoir absolu corrompt de manière absolue, ceux qui renversent les tyrans deviendront vite eux-mêmes des tyrans.

HISTOIRE

Des dystopies comme 1984 s'inspirent de véritables gouvernements totalitaires, tout comme les évènements des Hunger Games. Mise sur écoute, caméras-espionnes, torture et même faim, tout a été utilisé pour opprimer et contrôler des groupes d'individus. On trouve des références plus spécifiques aux généraux des guerres mondiales et de la guerre d'indépendance américaine dans la série, à la bataille de l'Alma ainsi qu'a de nombreuses stratégies militaires et guerrières. Collins observe :

> *Une des raisons pour lesquelles il est si important pour moi d'écrire sur la guerre est que je pense vraiment que le concept de guerre, les spécificités de la guerre, la nature de la guerre, les ambiguïtés de la guerre, sont présentés trop tard aux enfants [...] Si le concept de guerre dans son ensemble était présenté aux enfants à un stade précoce, il en résulterait de meilleurs dialogues sur le sujet, et nous bénéficierions d'une compréhension plus complète.*

Il existe un lien particulier avec la révolution américaine, avec les treize districts, comme les treize colonies, victimes des taxes et des sanctions injustes d'un lointain tyran. Les colonies originelles produisaient principalement des denrées brutes telles que le tabac ou le coton qui étaient expédiées par bateau en Angleterre, où les gens mangeaient des mets exotiques et se paraient de luxueuses couleurs. Finalement, bien sûr, les colons en eurent assez de l'oppression et se rebellèrent d'une seule voix unie. Ce parallèle aide le lecteur à s'identifier aux districts, qui se battent pour le droit à disposer d'eux-mêmes.

MYTHOLOGIE

On trouve de nombreux liens aux mythes grecs et romains, avec des personnages du nom de Romulus, fondateur légendaire de Rome, ou de Castor et Pollux, les héros jumeaux. Suzanne Collins a expliqué dans de nombreuses interviews que les Hunger Games eux-mêmes étaient inspirés par l'histoire de Thésée, le prince mythique d'Athènes. Tous les neuf ans, sept garçons et sept filles d'Athènes étaient envoyés en Crète en tant que tributs au Minotaure, l'homme à tête de taureau, qui les dévorait. Mais le prince Thésée se porta volontaire pour prendre sa place parmi les tributs, trouva son chemin dans le terrible labyrinthe crétois, et tua le Minotaure. Collins commente :

> *Mes 24 filles et garçons qui doivent se battre jusqu'à la mort pour le divertissement du Capitole sont également appelés « tributs », comme les jeunes athéniens, et après avoir pris la place de sa sœur Prim, qui serait certainement morte, l'héroïne de l'histoire, Katniss, rejoint les autres tributs mais n'a de cesse de défier le Capitole.*

Thésée est un des grands héros épiques de la mythologie grecque. Son histoire est faite de prouesses et de batailles, mais c'est aussi un voyage dans les sombres profondeurs du monde pour se confronter au mal qui s'y trouve et en ressortir grandi. Alors que Katniss s'enfonce dans la dépression et la folie narcotique dans chaque livre, mais la surmonte pour détruire ses ennemis, elle devient une puissante héroïne digne des classiques.

TÉLÉRÉALITÉ

Comme beaucoup le savent, l'idée des Hunger Games est venue à Collins en zappant d'une émission de téléréalité improvisée à une vraie couverture de la guerre au journal télé. De là, elle a tiré le concept d'un jeu de vie ou de mort. Elle explique :

> *Les Hunger Games sont un programme de téléréalité. Un programme extrême, mais c'est ce qu'ils sont. Et bien que je pense que certaines de ces émissions puissent marcher à un certain niveau, il y a aussi le frisson voyeuriste de regarder des gens se faire humilier, fondre en larmes ou souffrir physiquement. Et c'est ce que je trouve très dérangeant. Il y a ce risque de désensibiliser le public à tel point que lorsqu'il voit une véritable tragédie se jouer dans les actualités, elle n'a pas l'impact qu'elle devrait avoir. Tout se fond juste en un seul programme.*

Les Américains sont devenus accros aux reality shows, en particulier ceux qui font souffrir les gens, que ce soit à travers les tortures délibérées de Fear Factor ou l'environnement sous haute pression de Big Brother.

De nombreuses fois, Katniss désespère de rappeler aux citoyens insensibles du Capitole qu'elle est condamnée à mourir et que sa douleur ne devrait pas être exploitée pour les divertir. Elle tire sur les Juges et drape Rue de fleurs, soulignant à chaque instant qu'elle est une personne, non une pièce du jeu. Mais lorsqu'elle bénéficie d'un changement de look de célébrité et d'une interview digne de Miss Amérique, qu'elle embarque sur sa Tournée de la victoire et sa série de talk-shows, et alors qu'elle est jetée dans l'arène où la règle est tuer-ou-être-tué, avec ses récompenses artificielles, ses pièges délibérés, à l'instar de Survivor, il devient clair qu'elle est coincée dans la téléréalité.

Lorsque Katniss arrive au Capitole, elle est préparée pour un concours de beauté où elle doit impressionner les sponsors. Avec Rue dans une robe de fée et une Glimmer sexy et provocante, la scène évoque les concours de beauté pour enfants durement critiqués dans notre société pour leur superficialité et l'exploitation qui en est faite. De même, la romance de Katniss et Peeta n'est destinée qu'aux caméras et aux sponsors, puisque l'héroïne note qu'elle «*doit offrir davantage au public. Les amants maudits qui luttent désespérément pour s'en sortir*» (HG, 269). Après les Jeux, l'adulation du public devient un poids de plus en plus pesant pour Katniss, contrainte de jouer sa romance de célébrité.

Son statut d'icône publique ne fait que croître. Dans L'Embrasement, les citoyens du Capitole blasés votent pour sa robe de mariage comme des groupies du web, et on attend de Katniss qu'elle développe un « talent » frivole, soulignant une nouvelle fois le lien avec Miss Amérique. À la fin, elle accepte de devenir le geai moqueur, usant de son statut de célébrité pour changer le monde et utiliser la présence des médias plutôt que de subir leur contrôle.

ROME

Dans La Révolte, l'ancien Haut Juge Plutarch Heavensbee décrit l'obsession du Capitole pour « Panem et Circenses » (R, 239). À Rome, les citoyens étaient abreuvés de « pain » et de « jeux » – de nourriture et de divertissements – afin qu'ils ne se préoccupent pas de qui régnait et de la manière dont les étrangers étaient traités. En nommant son monde Panem, Collins souligne comment il est le reflet de la Rome antique – le Capitole au bord de l'indigestion et nageant dans le luxe tandis que les districts extérieurs crient révolution.

Le Plutarque historique, une des principales sources de Collins, décrit Rome comme le leader tout puissant du monde… assez semblable à l'Amérique d'aujourd'hui. Rome était le centre du progrès culturel et scientifique, mais elle était aussi connue pour conquérir et diriger sans ménagement les pays voisins. Collins commente :

> *Une fois l'histoire des Hunger Games lancée, je dirais que la figure historique de Spartacus devient un modèle pour*

le motif des trois livres, et pour Katniss […] C'est un gladiateur qui s'est évadé de l'arène et a mené une rébellion contre un gouvernement oppressif, donnant lieu à ce qu'on appelle la Troisième Guerre servile. Il a donné beaucoup de fil à retordre aux Romains. Et, finalement, il est mort.

Comme la plupart de ses références romaines, la version de l'histoire de Spartacus utilisée par Collins vient de Plutarque. Bien qu'il eût un pouvoir limité en tant qu'esclave rebelle isolé, Spartacus est devenu une icône pour tous ceux qui luttent pour la liberté dans un monde injuste. En donnant des noms romains aux citoyens de son Capitole, Collins insiste sur leur nature décadente et corrompue, en équilibre sur le bord d'un empire en train de s'effondrer. Elle nous rappelle aussi la nature précaire de notre propre société.

SHAKESPEARE

On trouve des échos intéressants à la saga de Collins dans le Jules César de Shakespeare. L'histoire est simple : César essaye de renverser la République romaine pour se faire couronner empereur et un groupe de rebelles conspire pour l'assassiner. Le « président » Snow, en dépit de son titre démocratique, est bien le dictateur absolu de Panem. Toutefois, comme dans Jules César, éliminer le dictateur n'amène que plus de guerres. Il y a plus de pertes que de triomphes pour les deux camps : César est assassiné, mais les rebelles meurent aussi. Les personnages de la pièce apparaissant dans la trilogie de Collins comprennent César et son épouse (Cal)Purnia, les rebelles Cinna, Portia, Flavius et Messalla (Brutus et Caton sont aussi des rebelles dans Jules César, mais sont transformés en tributs de carrière à cause d'autres liens avec leurs homologues romains).

Dans la pièce, Brutus assassine son allié et maître César pour sauver la république, à l'image du dernier tir de Katniss dans la guerre. Les rebelles se demandent aussi s'ils devraient également éliminer Marc-Antoine, l'allié de César, rappelant la décision discutable d'exécuter les tributs, les équipes de préparation et d'autres non-combattants. Finalement, ils épargnent Antoine, qui jure fidélité à Brutus, le leader rebelle, et dit tout ce qu'il faut pour le séduire. Puis il le trahit et demande publiquement sa mort, tout comme Katniss séduit Coin et dit ce qu'elle doit dire pour pouvoir mettre fin à la guerre selon ses propres termes. Brutus déclare qu'il trouve « lâche et vile » de se suicider « par crainte de ce qui peut arriver » (V, 1) mais finit par se tuer plutôt que de se soumettre à l'humiliation du châtiment. Katniss tente de mettre fin à ses jours pour exactement les mêmes raisons, la peur des conséquences, mais le bon Peeta l'en empêche.

Les thèmes de Jules César comprennent la question de savoir quand une révolution est nécessaire et le caractère éphémère du pouvoir : la pièce s'ouvre sur un citoyen rappelant à ses amis qu'ils ont jadis tous loué Pompée, le précédent dirigeant de Rome, et que maintenant ils louent César «*qui marche triomphant dans le sang de Pompée*» (I, 1). «Sang» et ses dérivés sont de fait mentionnés pas moins de quarante fois dans la pièce, rappelant à nouveau le président Snow et la violence de la rébellion. Il y a aussi beaucoup d'insistance sur la manière dont les discours et les proclamations publiques peuvent gagner la sympathie des masses, quand César commande ses statues couronnées ou que les rebelles tentent de rallier le peuple à leur cause aux cris de «Liberté! Indépendance! La tyrannie est morte!» après leur acte brutal (III, 1). La foule est transportée par la défense passionnée de Brutus, puis transportée de nouveau par le discours enflammé d'Antoine, soulignant le pouvoir extraordinaire des médias. Ceci rappelle les films de propagande télé de Katniss en tant que geai moqueur adulé.

Dans la suite de Shakespeare, Antoine et Cléopâtre, Marc-Antoine conquiert l'Égypte, tombe amoureux de Cléopâtre et se rebelle contre Rome. Il perd et meurt avec Cléopâtre d'une manière qui rappelle la tentative de Katniss et Peeta avec les baies.

La femme d'Antoine, Octavia, un pion politique, et son assistant félon, Enobarbus (Enobaria) sont présents dans la série des Hunger Games, comme le sont d'autres rôles-titres des autres pièces romaines de Shakespeare, Troilus et Cressida, Coriolan et Titus Andronicus. Ces références littéraires à toutes les pièces romaines de Shakespeare relient les Hunger Games à la décadence et à la violence de l'Empire romain, où les citoyens gâtés dînaient de mets importés exubérants tout en regardant les esclaves mourir dans l'arène pour leur bon plaisir. Elles les relient aussi aux thèmes shakespeariens tandis que Katniss regarde l'histoire du monde se répéter de guerre en guerre et déplore que toutes les morts n'aient rien changé.

CHAPITRE 5
LES ULTIMES RÉFLEXIONS

Tous ces noms nous donnent un aperçu de la manière dont Katniss perçoit ceux qui l'entourent, de l'humble Peeta à l'impétueux Gale. Les Romains sont fourbes et cruels, plaçant les habitants du Capitole au-dessus des moins fortunés. Finnick est un héros marin, Effie un petit bibelot. Ceux que Katniss aime sont des fleurs ou de robustes plantes comestibles, débordant de la même volonté de vivre qui caractérise son geai moqueur adoré. Collins glisse elle aussi son histoire dans la série, mettant en scène des commandants militaires et des personnages littéraires dans une toile de trahisons, de courage et de révolution. Le Capitole, comme Rome, son image dans le miroir, abrite les mêmes traîtres et fidèles que dans les récits classiques de Plutarque et Shakespeare. Au final, tous ces personnages s'unissent pour vêtir Katniss d'une identité née de la guerre et du feu.

CHAPITRE 6
LES NOMS PAR ORIGINE

NOMS ANGLO-SAXONS

Annie, Bonnie, Bristel, Cecelia, Dalton, Delly Cartwright, Eddy, Effie Trinket, Haymitch Abernathy, Homes, Jackson, Johanna Mason, Madge, Mags, Martin, Maysilee Donner, Mitchell, Commandant Paylor, Rory Hawthorne, Thom, Vick Hawthorne, York

NOMS LIÉS AU DISTRICT OU À L'ARTISANAT

Annie Cresta, Beetee, Cashmere, Chaff, Clove, Delly Cartwright, Finnick Odair, Glimmer, Gloss, Homme-chèvre, Johanna Mason, Leevy, Lyme, Marvel, Ripper, Romulus Thread, Rooba, Seeder, Tax, Thresh, Twill, Wiress, Woof

NOMS INVENTÉS PAR COLLINS

Muet, Finnick Odair, Sae Boui-Boui, Haymitch Abernathy, Leeg 1 et 2, Leevy, Lyme, Maysilee Donner, Drogués, Peeta Mellark

NOMS HISTORIQUES ET MILITAIRES

Alma Coin, Boggs, Darius, Gale Hawthorne, Haymitch, Abernathy, Johanna Mason, Leeg 1 et 2, Maysilee Donner, Commandant Paylor, Coriolanus Snow, York

NOMS DE LA NATURE

Annie Cresta, Blight, Buttercup, Chaff, Cray, Delly Cartwright, la Renarde, Gale Hawthorne, Homme-chèvre, Hazelle Hawthorne, Katniss Everdeen, Martin, Geai moqueur, Posy Hawthorne, Primrose Everdeen, Rue, Coriolanus Snow, Tigris

NOMS ROMAINS

Atala, Docteur Aurelius, Brutus, Caesar Flickerman, Castor, Cato, Cinna, Claudius Templesmith, Coriolanus Snow, Cressida, Effie Trinket, Enobaria, Flavius, Fulvia, Lavinia, Leeg 1 et 2, Messalla, Octavia, Plutarch Heavensbee, Pollux, Portia, Purnia, Romulus Thread, Seneca Crane, Titus, Venia

NOMS TIRÉS DE PLUTARQUE

Brutus, Caesar Flickerman, Cato, Castor, Cinna, Claudius Templesmith, Coriolanus Snow, Darius, Enobaria, Flavius, Fulvia, Messalla, Octavia, Pollux, Portia, Purnia, Romulus Thread, Seneca Crane, Tigris, Venia

NOMS TIRÉS DE SHAKESPEARE

Antoine et Cléopâtre
Enobaria, Octavia
Coriolan
Coriolanus Snow
Jules César
Brutus, Caesar Flickerman, Cato, Cinna, Claudius Templesmith, Flavius, Messalla, Portia, Purnia
Titus Andronicus
Lavinia, Martin, Titus
Troilus et Cressida
Cressida

CHAPITRE 7

LES DISTRICTS ET LEURS PRODUITS

District Un : Produits de luxe

District Deux : Pierre (de même que les forces des Pacificateurs, les armes et les autres moyens de défense)

District Trois : Produits électroniques

District Quatre : Pêche

District Cinq : Électricité

District Six : Transports

District Sept : Bois de construction

District Huit : Vêtements et textiles

District Neuf : Blé

District Dix : Bétail

District Onze : Agriculture

District Douze : Charbon

District Treize : Énergie nucléaire (officiellement graphite)

Partie 2

HUNGER GAMES

TRILOGIE CINÉMATOGRAPHIQUE

CHAPITRE 1
HUNGER GAMES

RÉSUMÉ DU FILM

Katniss Everdeen, une adolescente de 16 ans, vit dans une Amérique post-apocalyptique, connue sous le nom de Panem. Un puissant gouvernement répressif, le Capitole, qui a été créé après une période de troubles internes allant jusqu'à l'utilisation de l'arme nucléaire, contrôle les douze districts nouvellement constitués qui forment ce nouvel état (Panem, la « Nouvelle Amérique »). Après la rébellion de 13 États, le capitole institue un jeu télévisé appelé Hunger Games, qui consiste à tirer au sort deux enfants, une fille et un garçon, entre 12 et 18 ans dans chacun des 12 districts (soit 24 participants) et de les faire se battre à mort dans une arène (au sens large, soit un terrain qui peut être de toute nature, ville en ruine, forêts…) où il ne peut y avoir qu'un seul gagnant.

Lors de la 74e édition, Primrose, la jeune sœur de Katniss, âgée de 12 ans, est tirée au sort pour participer aux Hunger Games et représenter le district 12. Katniss se porte alors volontaire pour prendre sa place, afin de la sauver d'une mort certaine. Elle est en compagnie de Peeta Mellark, le fils du boulanger, qui l'aime en secret depuis toujours.

Dans l'arène, lors de ces jeux, Katniss doit se défendre face aux autres tributs et trouve une alliée en la personne de la jeune Rue du district 11, une fillette de 12 ans comme sa sœur, qui est tuée sous ses yeux. Le respect qu'elle lui montre lors d'une cérémonie funèbre improvisée déclenche des heurts dans le onzième district ainsi qu'un élan de sympathie de la part du public, ce qui pousse les autorités de capitole à modifier les règles du jeu au milieu de celui-ci afin qu'il puisse y avoir deux survivants. Elle tente ensuite de sauver son ami Peeta lorsque les adolescents apprennent qu'il y aura deux gagnants (mais du même district obligatoirement) et pas un seul.

Restant les seuls survivants après une ultime bataille, Katniss et Peeta se voient signifier une nouvelle modification des règles et le retour à un unique vainqueur. Ils décident donc de se suicider avec des baies empoisonnées pour échapper à ce cruel destin. Mais le haut juge Senecca Crane les en empêche au tout dernier moment et les déclare co-vainqueurs de ces 74e Hunger Games. Il le payera de sa vie, tandis que Katniss, pour s'être publiquement rebellée contre le destin qui lui était promis par le régime du capitole et du président Snow, devient le symbole de la population opprimée et s'attire l'hostilité du pouvoir. *(Source : Lions Gate Film).*

FICHE TECHNIQUE

Date de sortie : 23 mars 2012.

Titre original : *The Hunger Games.*

Titre français : *Hunger Games.*

Scénario : Gary Ross, Suzanne Collins et Billy Ray.

Réalisateur : Gary Ross.

Budget du film : 78 millions de dollars. Le film connaît un très important succès commercial, ce film a rapporté près de 700 millions de dollars au box-office mondial.

CHAPITRE 2
HUNGER GAMES : L'EMBRASEMENT

RÉSUMÉ DU FILM

Gagnants des 74e Hunger Games, Katniss Everdeen et Peeta Mellark habitent maintenant dans le village des vainqueurs du district 12, en compagnie de leur mentor Haymitch Abernathy. Ils doivent effectuer une tournée à travers tous les districts de Panem, mais avant cela, le président Snow rend visite à Katniss, et la menace de s'en prendre à tous ses proches si elle ne fait pas le nécessaire pour tenter d'éteindre la rébellion dont elle est en train de devenir le symbole. Elle doit pour cela démontrer qu'elle file le parfait amour avec Peeta. Lors de la tournée, les deux adolescents voient la rébellion contre le Capitole prendre de l'ampleur, tandis que Snow, en compagnie du haut-juge Plutarch Heavensbee, cherche le meilleur moyen d'éliminer l'adolescente en évitant toutefois d'en faire un martyr.

Ainsi, Snow annonce que les prochains Hunger Games seront ceux de « L'expiation ». Ils se tiennent tous les vingt-cinq ans et mettent aux prises 24 anciens vainqueurs encore en vie (deux par district), afin que tous sachent « qu'ils ne sont pas plus forts que le Capitole et qu'on ne peut pas aller contre son pouvoir ».

Pour le district 12, Katniss est désignée d'office alors que Peeta Mellark se porte volontaire au moment où Haymitch est tiré au sort. Déterminés à se protéger l'un l'autre, les deux adolescents doivent affronter de multiples dangers mortels lors de ces Jeux, personnalisés par leurs adversaires ou par une série de catastrophes planifiées. Nouant des alliances avec d'autres concurrents (Finnick Odair et Mags, Beetee et Wiress, Johanna Mason), ils comprennent le fonctionnement de l'arène, la façon dont se produisent, heure par heure, les différentes catastrophes, et montent un stratagème pour se débarrasser de leurs derniers rivaux. Beetee attache un fil électrique à un arbre, où doit tomber la foudre ; Katniss et Johanna partent le dérouler jusqu'au lac au centre de l'arène afin de l'électriser. Mais Johanna assomme Katniss pour lui retirer le mouchard qu'elle porte à l'intérieur de son bras. Reprenant connaissance, elle revient vers l'arbre, attache le fil métallique à une flèche et la tire vers le dôme qui entoure l'arène, le faisant exploser, ce qui la projette au sol, inconsciente.

Katniss est récupérée par un hovercraft. Elle se réveille, pensant avoir été capturée par le Capitole, en apercevant le haut-juge Heavensbee. Mais elle a en réalité été exfiltrée par les rebelles dont il est un des chefs. L'hovercraft est en route vers leur repaire, le district 13. Elle apprend alors que Peeta et Johanna sont entre les mains du Capitole, ce qui la met dans une rage folle. Placée sous sédatif, elle se réveille plus tard aux côtés de son ami Gale Hawthorne. Ce dernier lui apprend que le district 12 a été bombardé et rayé de la carte, mais qu'il a réussi à sauver sa mère et sa sœur Primrose. La dernière image du film montre le visage de Katniss en gros plan passant en quelques secondes de l'étonnement à la peur, puis au désespoir et enfin à une farouche détermination. *(Source: Lions Gate Film).*

FICHE TECHNIQUE

Date de sortie: 22 novembre 2013.

Titre original: *The Hunger Games: Catching Fire.*

Titre français: *Hunger Games: L'Embrasement.*

Scénario: Michael Arndt et Simon Beaufoy.

Réalisateur: Francis Lawrence.

Budget du film: 130 millions de dollars. Le film connaît un très important succès commercial, ce film a rapporté près de 865 millions de dollars au box-office mondial.

CHAPITRE 3
HUNGER GAMES : LA RÉVOLTE (PARTIE 1)

RÉSUMÉ DU FILM

Katniss Everdeen (Jennifer Lawrence) s'est réfugiée dans le District 13 après avoir détruit l'arène et les jeux *The Hunger Games*. Sous le commandement de la Présidente Coin (Julianne Moore), chef du district, et suivant les conseils de ses amis en qui elle a toute confiance, Katniss déploie ses ailes pour devenir le symbole de la rébellion contre le Capitole. Elle va se battre pour sauver Peeta (Josh Hutcherson) et libérer le pays tout entier, à qui son courage a redonné espoir. La rébellion s'organise contre le pouvoir totalitaire du Capitole et du Président Snow. Katniss Everdeen, le « Geai moqueur », est devenue le principal symbole de cette rébellion dans laquelle elle s'engage physiquement. Son destin, celui de ses proches, et celui de Panem tout entier sont en jeu. Sa mission sera de ralier tous les districts de Panem et déclencher un soulèvement pour renverser le capitole, supprimer les jeux (The Hunger Games) et sauver les vainqueurs survivants qui ont été capturé après l'explosion de l'arène. *(Source : Lions Gate Film).*

FICHE TECHNIQUE

Date de sortie : 21 novembre 2014.

Titre original : *The Hunger Games : Mokingjay*

Titre français : *Hunger Games : La Révolte*

Scénario : Danny Strong.

Réalisateur : Francis Lawrence.

Budget du film : 250 millions de dollars.

Le 2 février 2014, l'acteur Philip Seymour Hoffman incarnant Plutarch Heavensbee est retrouvé mort dans son appartement new yorkais. La plupart des scènes où il devait apparaître étant déjà tournées.

CHAPITRE 4
HUNGER GAMES : LES ACTEURS

JENNIFER LAWRENCE : KATNISS EVDERDEEN

Née à Louisville dans le Kentucky (Etats-Unis), et après s'être produite dans des théâtres locaux, Jennifer Lawrence s'est installée à New York à l'âge de 14 ans pour poursuivre une carrière d'actrice professionnelle. Elle a très vite tapé dans l'œil de directeurs de casting et a commencé à jouer au cinéma et à la télévision au cours de l'été 2005 et n'a jamais regretté. En 2013, pour son rôle de Tiffany Maxwell dans le film *Happiness Therapy* (*Silver Linings Playbook*), elle obtient l'Oscar de la meilleure actrice. Douée d'un talent naturel et forte d'une présence captivante et d'une énergie indéniable, la jeune actrice oscarisée, Jennifer Lawrence, est l'une des plus talentueuses actrices d'Hollywood. Elle était présente dans le film *X-Men : Days of Future Past* sous la direction de Bryan Singer, dans lequel elle reprenait le rôle de « Mystique » face à Michael Fassbender et James McAvoy.

JOSH HUTCHERSON : PEETA MELLARK

Née à Union dans le Kentucky (Etats-Unis), Josh Hutcherson a grandi Los Angeles. C'est à l'âge de quatre ans qu'il sait qu'il veut être un acteur et afin de démarrer une carrière à Hollywood, lui et sa famille déménagent à Los Angeles quand il a neuf ans. Peu de temps après, il commence des petits rôles dans le cinéma et la télévision. En 2012, il a été sacré révélation de l'année au CinemaCon.

LIAM HEMSWORTH : GALE HAWTHORNE

Né à Melbourne en Australie, Liam Hemsworth, a grandi à Phillip Island. Benjamin d'une fratrie de trois frères, il a toujours adoré le cinéma. Bien qu'il n'ait jamais envisagé de devenir acteur lorsqu'il était jeune, il passait ses journées à regarder des films. À l'âge de 17 ans, après avoir vu ses deux frères, Luke et Chris, apparaître dans des séries australiennes, il a lui aussi décidé de devenir acteur. Il s'est donc inscrit à des cours de théâtre, a trouvé un agent puis a commencé à passer des auditions. Il a rapidement décroché son premier rôle dans *Summer Bay*, une série australienne à succès, puis a intégré le casting de la série la plus populaire du pays, « Les voisins ». L'intensité discrète de Liam Hemsworth s'exprime pleinement sur grand écran. En démontrant toute l'étendue de son talent grâce à des rôles éclectiques, il s'est imposé comme l'un des acteurs les plus convoités de sa génération. Liam Hemsworth a joué dans deux des plus gros succès au box office de l'année 2012 : *The Hunger Games* et *The Expendables 2*.

WOODY HARRELSON : HAYMITCH ABERNATHY

La rare combinaison d'intensité et de charisme de Woody Harrelson surprend et ravi systématiquement les spectateurs et les critiques tant dans des films grand public qu'indépendants. Son rôle d'officier chargé d'annoncer aux familles le décès d'un des leurs au combat, face à Ben Foster, dans *The Messenger* d'Oren Moverman, lui a valu d'être nommé aux Oscars en 2010 dans la catégorie meilleur acteur dans un second rôle. Il avait précédemment été cité aux Oscars, aux Golden Globes et aux SAG Awards dans la catégorie meilleur acteur pour son interprétation du patron de presse controversé Larry Flynt dans *Larry Flynt* de Milos Forman.

En 2012, l'acteur a incarné Steve Schmidt face à Julianne Moore et Ed Harris dans *Game Change* le téléfilm de Jay Roach pour HBO, qui lui a valu des nominations aux Emmy Awards, aux SAG Awards et aux Golden Globes. Il a été à l'affiche de *Seven Psychopaths* de Martin McDonagh, avec Sam Rockwell, Colin Farrell et Christopher Walken.

Woody Harrelson s'est attiré l'affection de millions de téléspectateurs en jouant dans *Cheers*, la comédie à succès de NBC. Pour le rôle de Woody Boyd, le sympathique barman, il a remporté un Emmy Award en 1988 et a été nommé à quatre autres reprises au cours des huit années qu'il a passées au générique de la série. En 1999, il a de nouveau été cité aux Emmy Awards pour avoir repris son rôle pour une apparition vedette dans le spin-off de la série, *Frasier*. Plus tard, il est revenu vers la télévision avec un rôle vedette récurent dans la série à succès de NBC, *Will & Grace*.

ELIZABETH BANKS : **EFFIE TRINKET**

Elisabeth Banks est devenue l'une des actrices les plus recherchées d'Hollywood mais également l'une des plus polyvalentes. Elle est apparue dans *Ce qui vous attend si vous attendez un enfant* de Kirk Jones, *Dos au mur* réalisé par Asger Leth, avec Sam Worthington, et *Des gens comme nous* d'Alex Kurtzman, aux côtés de Chris Pine et Michelle Pfeiffer.

En 2014, l'actrice a joué le rôle principal de *Blackout Total* de Steven Brill, une comédie sur une présentatrice de télévision qui met en péril sa promotion à cause d'une soirée trop arrosée.

En 2013, Elizabeth Banks a tourné dans *Little Accidents* de la scénariste et réalisatrice Sara Colangelo, avec Boyd Holbrook. Adapté du court métrage éponyme primé de 2010 dont la première avait eu lieu au Festival du film de Sundance 2010, le film raconte l'histoire d'une femme dont la vie est bouleversée après un accident minier. Elle a récemment achevé le tournage de *Love & Mercy* dans lequel le réalisateur Bill Pohland pose un regard original sur la vie du célèbre leader des Beach Boys, Brian Wilson, et sa bataille contre sa maladie mentale. Elle a récemment tourné *Every Secret Thing* sous la direction d'Amy Berg. Adapté du best-seller de Laura Lippman, le film raconte l'histoire d'une détective qui tente de résoudre la disparition d'enfants dont deux jeunes femmes sont les principales suspectes.

Elle est récemment apparue dans *The Hit Girls* de Jason Moore pour Universal Pictures, sorti le 8 mai 2013. Elle a produit le film avec son mari Max Handelman, via leur société, Brownstone Productions. Le film est interprété par Anna Kendrick, Brittany Snow et Rebel Wilson.

Originaire du Massachusetts, Elizabeth Banks a obtenu sa licence à l'université de Pennsylvanie et son Master à l'American Conservatory Theater. Elle vit actuellement à Los Angeles.

LENNY KRAVITZ : **CINNA**

Considéré comme l'un des musiciens de rock les plus éminents de son époque, Lenny Kravitz, a transcendé les genres, les styles, les races et les classes sociales durant ses 20 ans de carrière musicale influencée par la funk des années 60 et 70, le rock et la soul.

Les talents d'auteur et de producteur de Lenny Kravitz ont donné naissance à neuf albums studio aux chansons intemporelles. Il a remporté quatre Grammy Awards consécutifs, atteignant le record de récompenses dans la catégorie meilleure performance rock masculine. Son talent a aussi été reconnu par ses pairs ; ses collaborations musicales sont aussi variées que ses propres influences, il a travaillé avec Madonna, Slash, Aerosmith, Jay-Z, N.E.R.D., Mick Jagger, P. Diddy et Alicia Keys.

Fort de plus de 38 millions d'albums vendus dans le monde, le succès musical de Lenny Kravitz lui a offert de nombreuses opportunités de satisfaire ses ambitions créatives au-delà de l'industrie musicale. Il est apparu dans un second rôle dans *Precious*, film salué par la critique de Lee Daniel. Il a été à l'affiche du dernier film de Lee Daniel, *Le Majordome*, aux côtés de Forest Whitaker, Jane Fonda, Oprah Winfrey et Cuba Gooding Jr.

PHILIP SEYMOUR HOFFMAN : PLUTARCH HEAVENSBEE

Philip Seymour Hoffman a reçu en 2006 l'Oscar du meilleur acteur ainsi qu'un Golden Globe pour le rôle-titre du film Truman Capote. Hoffman a débuté sa carrière d'acteur en 1991, et l'année suivante, a commencé à apparaître dans des films. Il a gagné la reconnaissance pour son travail dans des rôles de soutien dans *Le temps d'un week-end*, *Twister*, *Boogie Nights*, *The Big Lebowski*, *Docteur Patch*, *Magnolia*, *Le Talentueux Mr Ripley*, *Presque célèbre*, *Dragon Rouge*, *La 25e heure* et *Retour à Cold Mountain*.

Il a reçu trois nominations aux Oscars pour ses rôles dans *La Guerre selon Charlie Wilson*, *Doute* et *The Master*. En 2010, il a fait ses débuts de réalisateur avec *Rendez-vous l'été prochain*.

Il est retrouvé mort, dans son appartement le 2 février 2014. D'après le New York Post, il aurait été victime d'une surdose d'héroïne.

DONALD SUTHERLAND : PRÉSIDENT SNOW

Donald Sutherland est l'un des acteurs de cinéma les plus prolifiques et les plus polyvalents. Son incroyable filmographie compte plus de 130 films. Il tient son premier rôle au cinéma en 1964 dans un film d'horreur italien, *Il castello dei morti vivi*. C'est le début d'une carrière foisonnante et mouvementée, qui le verra alterner cinéma (il se voit confier son premier grand rôle par Robert Aldrich dans *Les Douze Salopards*), le théâtre et la télévision (on le voit *dans Le Saint, Chapeau melon et bottes de cuir* ou le téléfilm *The Death of Bessie Smith*). Le grand public le découvre véritablement en 1970 grâce à l'immense succès obtenu par la comédie *MASH*, où Sutherland tient le rôle de Ben Hawkeye Pierce, le médecin facétieux du camp militaire.

Donald Sutherland a été nommé Officier de l'Ordre du Canada en 1978 et Officier de l'Ordre des Arts et Lettres en France cinq ans plus tard. En 2012, il a été fait officier de l'Ordre des Arts et des Lettres.

STANLEY TUCCI : CAESAR FLICKERMAN

L'acteur primé Stanley Tucci est apparu dans plus de 50 films et d'innombrables programmes télévisés. Il s'est en outre produit dans plus d'une douzaine de pièces de théâtre à Broadway et off-Broadway, et a endossé les rôles de scénariste, réalisateur et producteur. Il est connu pour avoir incarné le mari de Julia Child dans Julie & Julia, le blockbuster de 2008 réalisé par Nora Ephron.

Il débute sa carrière dans le film de John Huston, *L'Honneur des Prizzi* et joue le médecin dans *Incidents de parcours* (1988) de George Andrew Romero. Mais c'est avec ses rôles dans *L'Affaire Pélican* où il interprète un tueur et *Kiss of Death* où il incarne un procureur malhonnête qu'il se fait remarquer. Depuis, on l'a vu dans deux films avec Tom Hanks : *Les Sentiers de la perdition*, où il joue Frank Nitti et *Le Terminal* où il incarne un chef de sécurité d'aéroport.

Stanley Tucci a en outre été nommé aux Academy Awards, aux Golden Globe Awards, aux BAFTA Awards, aux SAG Awards et aux Broadcast Film Critics pour son rôle dans *Lovely Bones* de Peter Jackson.

Outre ses succès au cinéma, l'acteur a également été cité aux Emmy Awards pour son rôle de guest-star dans *Urgences*. Son apparition dans *Monk*, lui a valu les éloges de la critique ainsi que l'Emmy Award du meilleur acteur dans un second rôle pour une série comique. Il a aussi reçu un Golden Globe, ainsi qu'un Emmy

Award pour son rôle dans *Winchell*, le téléfilm réalisé par Paul Mazursky. Son rôle de journaliste « people » a été saluée par le public et les critiques. *Winchell* a offert à Stanley Tucci l'un des rôles les plus croustillants de son éclectique carrière.

L'acteur a également remporté un Golden Globe Award pour le téléfilm *Conspiration* de Frank Pierson pour HBO. Sa brillante, mais terrifiante, interprétation du Lieutenant Colonel Adolf Eichmann, qui se cachait souvent derrière un sourire des plus amicaux, a séduit le public.

L'acteur siège au conseil d'administration de la Food Bank for New York City. Stanley Tucci habite New York.

JEFFREY WRIGHT : **BEETEE**

L'acteur salué par la critique Jeffrey Wright n'a eu cesse de repousser les limites du métier d'acteur à travers les rôles éclectiques qui l'ont fait connaître tant au théâtre, qu'au cinéma ou à la télévision. Il est récemment apparu aux côtés de Mark Walhberg, Russell Crowe et Katherine Zeta-Jones dans *Broken City*, le thriller politique d'Allen Hughes. En 2012, il a tourné trois films indépendants : *Only Lovers Left Alive* sous la direction de Jim Jarmusch, *A Single Shot* réalisé par David M. Rosenthal.

En 1994, Jeffrey Wright a remporté un Tony Award pour son travail dans *Angels in America*, la pièce lauréate du Prix Pulitzer de Tony Kushner, puis a repris son rôle en 2003 dans la minisérie éponyme sur HBO, ce qui lui a valu un Golden Globe et un Emmy Award. Sa brillante interprétation du célèbre artiste peintre controversé Jean Michel Basquiat dans *Basquiat* de Julian Schnabel en 1996, lui a valu les éloges unanimes de la critique ainsi qu'une nomination aux Independent Spirit Awards. Dans un registre très différent, l'acteur a joué dans *Source Code* de Duncan Jones en 2011, et dans deux James Bond : *Casino Royale* de Martin Campbell, et *Quantum of Solace* réalisé par Marc Forster, en 2006 et 2008. Toujours en 2008, il a incarné Muddy Waters dans *Cadillac Records* de Darnell Martin, et Colin Powell dans *W. : L'Improbable Président* dirigé par Oliver Stone. En 2005, Jeffrey Wright est apparu dans *Syriana* de Stephen Gaghan. Dans sa filmographie figurent également le remake de Jonathan Demme de *Un crime dans la tête, Broken Flowers* dirigé par Jim Jarmusch, pour lequel il a été cité aux Independent Spirit Awards, *Chevauchée avec le diable* mis en scène par Ang Lee, et *Shaft* de John Singleton. En 2001, pour le rôle du révérend Martin Luther King, Jr. dans *Boycott* de Clark Johnson pour HBO, il a remporté un AFI Award. Brillant acteur de théâtre, Jeffrey Wright s'est vu décerner un Obie Award et a été nommé aux Tony Awards pour son travail dans *Topdog/Underdog*, la pièce de Susan-Lori Parks lauréate du Prix Pulitzer 2001, mise en scène par George C. Wolfe.

SUZANNE COLLINS : CO-SCÉNARISTE/AUTEURE

L'auteure de best-sellers, Suzanne Collins est entrée pour la première fois dans l'histoire de la littérature pour enfant avec « *Underland Chronicles* », best-seller du New York Times, pour des lecteurs de 6 à 12 ans. Son premier livre pour des lecteurs de 12 ans et plus, « *The Hunger Games* » (septembre 2008), a immédiatement été un best-seller, tant auprès des adolescents que des adultes. Stephen King a déclaré qu'il y était « accro » dans Entertainment Weekly, et Stephenie Meyer l'a qualifié d'« incroyable » sur son site internet. Le roman est resté sur la liste des best-sellers du New York Times durant plus de 180 semaines consécutives, soit plus de trois ans consécutifs depuis sa publication. À ce jour, plus de 36,5 millions d'exemplaires de la trilogie composée de « Hunger Games » (septembre 2008), « L'embrasement » (septembre 2009) et « La révolte » (août 2010), ont été imprimés aux États-Unis. Les droits de publication de la trilogie « Hunger Games » ont été vendus dans 47 pays.

Suzanne Collins a également mené une carrière prolifique et jalonnée de succès en tant que scénariste de programmes télévisés pour enfants. Elle a fait partie des équipes de plusieurs émissions de Nickelodeon, dont la série à succès nommée aux Emmy Awards « *Clarissa Explains It All* » et « *The Mystery Files of Shelby Woo* ». Elle a été citée aux Writer's Guild of America Awards dans la catégorie animation pour la co-écriture du téléfilm de Noël réalisé par Lee Dannacher, et salué par la critique, «*Santa, Baby!*».

En 2010, la romancière a fait son entrée sur la liste «Time 100», ainsi que sur la liste des Entertainers of the Year d'Entertainment Weekly. En 2011, Fast Company l'a citée parmi les 100 personnes les plus créatives d'Hollywood. Suzanne Collins vit avec sa famille dans le Connecticut.

NOTES BIBLIOGRAPHIQUES

Aerts, R. "The Advantages of Being Evergreen." *Trends in Ecology & Evolution* 10:10 (1995): 402-407.

Arrow, V. "A Complete Etymology of Names in Panem," 12 May 2011. Blog Entry. http://aimmyarrowshigh.livejoumal. com/61131 ,html#A.

Apollodorus. *The Library.* Trans. Sir James George Frazer. *Loeb Classical Library Volumes 121 & 122.* Cambridge, MA: Harvard University Press, 1921.

Asimov, Isaac. Back Cover Summary. *Prelude to Foundation.* USA: Doubleday, 1988.*"Atalanta." The Theoi Project. Web.* http://www. theoi. com/Heroine/Atalanta. html.

Barkmeier, Steve. "The Meaning of Prim's Cat & Katniss: Mocking)ay Discussion Point 27." *Hogwarts Professor: Thoughts for Serious Readers.* September 4, 2010. Blog Post, http://www.hogwartsprofessor. com.

Bellman, James F. and Kathryn. "Enobarbus." *Antony and Cleopatra Notes.* Lincoln, NB : Cliffs Notes, 1994.

Bennett, Harold. *Cinna and His Times : A Critical and Interpretive Study of Roman History during the Period 87-84 BC.* Menasha, WI : The Collegiate Press, 1923.

Blasingame, James, and Suzanne Collins. "An Interview With Suzanne Collins." *Journal of Adolescent & Adult Literacy* 52.8 (2009) : 726-727. Academic Search Complete. EBSCO. Web. 2 Sept. 2011.

Butler, Alban and Paul Bums. *Butler's Lives of the Saints.* Great Britain : Bums and Oates, 2000.

Chevalier, Jean and Alain Gheerbrant. *A Dictionary of Symbols.* Trans. John Buchanan-Brown. Oxford : Blackwell, 1994.

Cicero. *The Orations of Marcus Tullius Cicero.* Trans. C. D. Yonge. London : George Bell & Sons, 1903. *The Perseus Digital Library.* Web. http://www.perseus.tufts.edu.

Collins, Suzanne. *Catching Fire.* New York : Scholastic Press, 2009.—. *The Hunger Games.* New York : Scholastic Press, 2008. —. *Mockingjay.* New York : Scholastic Press, 2010.

"Crotus." *The Theoi Project. Web.* http://www.theoi.com/Georgikos/SatyrosKrotos.html.

Dobson, David. *The Scottish Surnames of Colonial America.* Baltimore, Maryland : Genealogical Publishing Co., 2003.

Dominus, Susan. "Suzanne Collins's War Stories for Kids." *The New York Times.* 8 April 2011 : MM30.

Dover, Major Victor. *The Sky Generals.* USA: Littlehampton Book Services Ltd., 1981.

"Finick, Finicky." *Webster's New World Dictionary of the American Language, Second College Edition.* 1986. Print.

Frankel, Valerie Estelle. *From Girl to Goddess: The Heroine's Journey in Myth and Legend.* USA: McFarland and Co., 2010.

Garrow, David. *The Walking City: The Montgomery Bus Boycott, 1955-1956.* USA: Carlson, 1989.

"Gnaeus Domitius Ahenobarbus." *Encyclopedia Britannica Online.* Encyclopaedia Britannica Inc., 2012. Web. http://www.britannica.com.

Granger, John. "Mockingjay Discussion 15: The Hanging Tree." *Hogwarts Professor: Thoughts for Serious Readers.* August 25, 2010. Blog Post, http://www.hogwartsprofessor.com. —. "Unlocking 'The Hunger Games': The Surface, Moral, Allegorical, and Sublime Meanings." *Hogwarts Professor: Thoughts for Serious Readers.* February 22, 2010. Blog Post. http://www.hogwartsprofessor.com.

Greenaway, Kate. *Language of Flowers.* USA: Merrimack, 1970.

Grieve, M. *Botanical. Com: A Modem Herbal.* Ed. Ed Greenwood. 2011. Web. http://botanical.com.

Hanks, Patrick and Flavia Hodges. *A Dictionary of First Names.* Oxford: Oxford University Press: 1990.

Hardy, Elizabeth Baird. "Professor Sprout Goes to District 12 and the Arena: Some 'Hunger Games' Plant and Berry Thoughts." *Hogwarts Professor:*

Thoughts for Serious Readers. September 17, 2010. Blog Post. http: //www.hogwartsprofessor.com.

Headley, J. T. *Farragut & Our Naval Commanders.* 1867. MLibrary Digital Collections. Web. http://quod.lib.umich.edu/lib/colllist.

Heathcote, T.A. *The British Field Marshals 1736 - 1997.* London: Leo Cooper, 1997.

Herrick, Robert. "To Primroses Filled with Morning Dew." *The Poetical Works of Robert Herrick.* Ed. F.W. Moorman. USA: Cornell University Library, 2009, 73.

Hudson, Hannah Trierweiler. "Sit Down with Suzanne Collins." *Instructor* 120.2 (2010): 51-53. Academic Search Complete. EBSCO. Web. 2 Sept. 2011.

Hyginus. *Astronomica.* Trans. Mary Grant. 1960. The Theoi Project. Web. http://www.theoi.com/Text/Hyginus Astronomica.html.

Jordan, Tina. "Suzanne Collins on the Books She Loves." *EW's Shelf Life.* 12 Aug. 2010. Web. www.EW.com.

Keister, Douglas. *Stories in Stone: A Field Guide to Cemetery Symbolism and Iconography.* EISA: Gibbs Smith, 2004.

"Leavy." *Webster's New World Dictionary of the American Language, Second College Edition.* 1986. Print.

"Major Sir Hamish Forbes, Bt: Champion of Highland and Gaelic Culture who as a Wartime POW had been Decorated for his Numerous Escape Attempts," *The Times,* September 20, 2007. Web. http://www.thesundaytimes.co.uk.

Margolis, Rick. "The Last Battle." *School Library Journal* 56.8 (2010): 24-27. Academic Search Complete. EBSCO. Web. 2 Sept. 2011.

McCrae, John. "In Flanders Fields." *Modem British Poetry.* Ed. Louis Untermeyer. New York, Harcourt, Brace and Howe, 1920, 83.

Milton, John. L'Allegro. *The Milton Reading Room.* Ed. Thomas H. Luxon, March 2008. Web. http://www. dartmouth. edu/~milton. —. Paradise Lost. *The Milton Reading Room.* Ed. Thomas H. Luxon, March 2008. Web. http://www. dartmouth.edu/~milton.

"Nox, Noxious." *Webster's New World Dictionary of the American Language, Second College Edition.* 1986. Print.

Playfair, Major-General I.S.O.; Molony, Brigadier C.J.C.; Flynn, Captain F.C.; Major General H. L., Davies; Gleave, Group Captain T.P. *The Mediterranean and Middle East, History of the Second World War, United Kingdom Military Series,* Volume V *The Campaign in Sicily and the Campaign in Italy 3 September 1943 to 31 March 1944,* London: Her Majesty's Stationary Office, 1973.

Plutarch. "The Comparison of Alcibiades with Coriolanus." Trans. John Dry den. *The Internet Classics Archive.* Web. http ://classics.mit.edu/ Plutarch/compared.html. —. *Plutarch's Lives.* Trans. Bemadotte Perrin. Cambridge, MA: Harvard University Press, 1919. *The Perseus Digital Library.* Web. http://www.perseus.tufts.edu.

Reed, SFC Anthony. "Gender Issues Generic for Army Signal Command's G-staff" *The Official Homepage of the US Army Signal Center of Excellence.* 3 May 2010. Web. http://www.signal.army.mil/ocos/ac/Edition,%20 Summer/Summer%2000/topwomen.htm.

Russell, William Howard. *The British Expedition to the Crimea.* USA: Rutledge & Co., 1858.

Shahbazi, Shapur. "Darius I the Great," *Encyclopedia Iranica,* Vol. 7, New York: Columbia University Press, 1996. Web. http://www.iranicaonline.org/articles/darius-iii.

Shakespeare, William. *The Riverside Shakespeare,* 2nd Ed. USA: Houghton Mifflin Co, 1997.

Shepherd, Rowena and Rupert. *1000 Symbols: What Shapes Mean in Art and Myth.* New York: Thames & Hudson, 2002.

Watts, Donald. *Dictionary of Plant Lore.* Oxford: Academie Press, 2007.

Zalta, Edward N., Ed. *Stanford Encyclopedia of Philosophy.* EISA: Stanford University Center for the Study of Language and Information, 2011.

Impression & brochage Sepec - France
Numéro d'impression : 12693141007
ISBN 978-2-87592-001-0
Dépôt légal : octobre 2014
Première édition : octobre 2014